ローストビーフ

―― 人気店の調理技術とメニュー ――

Contents

伝統の技術を学ぶ『東京會舘』のローストビーフ ……… 05
『東京會舘』常務取締役　調理本部長　外山勇雄

人気店のローストビーフとローストビーフ料理 ……… 17

ローストビーフの加熱方法 解説 ……… 18

- くいしんぼー山中『ローストビーフ』……… 20
- 尾崎牛焼肉 銀座 ひむか『ローストビーフ丼』……… 26
- ラ・ロシェル山王『ローストビーフ プロヴァンスの香り』……… 30
- レストラン セビアン『あか牛フィレのローストビーフ』……… 36
- CARNEYA SANOMAN'S『熟成肉の骨付きローストビーフ』……… 42
- TRATTORIA GRAN BOCCA『極旨、ローストビーフ』……… 50
- ローストビーフの店 ワタナベ『黒毛和牛のローストビーフ』……… 56
- BRASSERIE AUXAMIS marunouchi『ローストビーフ』……… 62
- 洋食 Revo『赤身ローストビーフ』……… 68
- キュル・ド・サック『豪産ランプ肉のローストビーフ グレイビーソース』……… 74
- Bar CIELO『燻製醤油とペドロヒメネスシェリーソースのローストビーフ』……… 80

FRENCH BAR RESTAURANT ANTIQUE
『和牛ローストビーフのキューブ　根セロリのクリームと玉ネギのグリッシーニ』……… 84

那須高原の食卓 なすの屋『なすの屋 特製ローストビーフ』……… 90

DON CAFE *36
『ローストビーフ アジアンスタイル』……… 94
『低温でローストしたローストビーフ丼』……… 98

イタリアンバル HYGEIA 赤坂店『ローストビーフ丼』……… 102

DON YAMADA『ローストビーフ丼』……… 106

BAR TRATTORIA TOMTOM 東向島店『ローストビーフパスタ』……… 112

拳ラーメン『ローストビーフ 牛づくしアヒージョまぜそば』……… 118

フルーツパーラー サンフルール
『ローストビーフサンド』……… 122
『ローストタン オープンサンド』……… 128

ワイン酒場 est Y『ガーデンハーブでスモークしたローストビーフのトルティーヤ』……… 132

Az『初夏の牧場 ～牛と牡蠣～』……… 136

味のバリエーションが広がる！
ローストビーフのソース ……… 142

『レ・サンス』オーナーシェフ　渡辺健善

20～147ページで掲載した取材店紹介 ……… 148

本書を読む前に

材料と作り方の表記は、各店の方法に従っています。
大さじ＝15ml、小さじ＝5ml、1カップ＝200mlです。
作り方の分量のところに「適量」とあるものは、様子をみながら分量や味を決めるところです。

作り方での加熱時間、加熱温度などは、各店で使用している機器を使った場合のものです。

表記している価格は、2016年5月現在のものです。なお、店によって、提供期間の限られたものや、常時提供していないものもあります。各店にご確認ください。

148ページからの、各店の営業時間、定休日などのショップデータは、2016年5月現在のものです。
掲載する料理は、お店での提供の場合には、器、盛り付け、付け合せなどは変わることがあります。

伝統の技術を学ぶ

『東京會舘』のローストビーフ

常務取締役 調理本部長
外山勇雄

伝統の技術を学ぶ『東京會舘』のローストビーフ

『東京會舘』は大正11年(1922年)創業。格調高い宴会場とフランス料理で、国賓や公賓をもてなしてきました。舌平目の洋酒蒸　ボンファム、牛フィレ肉のフォワ・グラ詰パイ包み焼き　プリンスアルベール風などの代表的な料理がありますが、ローストビーフも名物のひとつです。

ローストビーフは、牛肉料理を代表する料理の一つ。通常の食事メニューとしてだけでなく、宴会メニューとしても人気の高さは群を抜いています。お客様の目の前でローストビーフを切り分ける演出によって、牛肉のジューシーさ、ご馳走感などをダイレクトに伝えることができる魅力の高い牛肉料理です。

用いる部位は、リブロース。大きなブロック状の牛肉を、時間をかけて焼き、断面は赤みの帯びたレアに仕上げるのが技術。近年はスチコンを使い、肉の内部の温度を設定して、その温度になるまで加熱できるようになりましたが、ローストビーフは『東京會舘』では通常のオーブンで焼きます。しかも、『東京會舘』のオーブンには温度計が付いていません。最良の焼き上がりは、そのつど牛肉の状態を見て、肉質や肉の大きさに合わせて焼く温度や時間や休ませる時間を調節する経験の上に実現されます。また、いい焼き上がりを実現するには、焼く前の牛肉の下処理も大事な仕事です。

合わせるソースとして、牛肉のエキスが主体のグレービーソースが一般的で、おろしたレフォールを添えます。『東京會舘』では、野菜を用いないで1週間かけて、透明感のあるグレービーソースを仕上げます。レフォールにも、ひと手間を加えています。

写真では伝統的なスタイルをイメージして付け合わせにヨークシャープディングを選びましたが、『東京會舘』では、野菜やハーブなどを5～6種類添えています。伝統的な技法は大事にしながら、現代のお客様のグルメ志向や健康志向を考えてメニュー作りをしています。

ローストビーフの調理の奥義は4つ

1 牛肉の下処理
2 焼き方
3 澄んだグレービーソース
4 レフォールのひと手間

牛肉（リブロース）の下処理

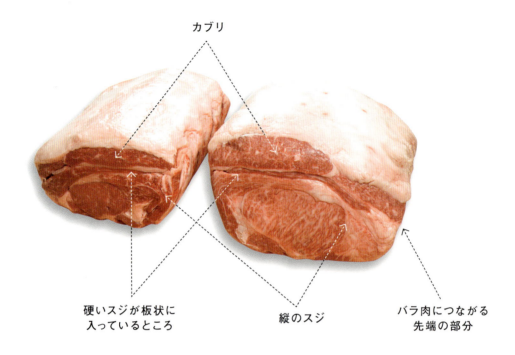

カブリ

硬いスジが板状に
入っているところ

縦のスジ

バラ肉につながる
先端の部分

提供の用途に応じて牛肉のサイズを決める

　大きなブロックのリブロースは、仕入れてすぐには焼かない。冷蔵庫で5〜6日熟成させる。その上で、焼く前に冷蔵庫から出して肉の温度を上げておく。肉の芯が冷たいまま焼かない。常温に置く時間は、夏期と冬期では変える。

　リブロースのブロックの上面には「カブリ」と呼ばれる部位が付いている。この部分を付けたままローストビーフに調理すると、着席での食事用では肉が大きすぎて皿からはみ出してしまうし、カブリの下の硬いスジを除いてから焼くので、カブリはのっているだけの状態なので、切るときにカブリの部分が動いてしまい、お客様の前で切り分ける演出上はあまりよくない。このため、着席用では「カブリ」を切り離し、他の料理に使うようにする。中に硬いスジも入っているので取り除くのも大切な下処理の仕事になる。

　宴会用では、大きく見栄えがいい肉の断面のほうが喜ばれるのでカブリを付けて焼く。薄切りにしたものを、さらに小さく切って提供するので、カブリの部分が切った後にはがれても問題はない。

伝統の技術を学ぶ『東京會舘』のローストビーフ

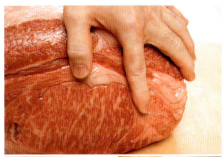

①
牛リブロースのブロックの断面に見える縦のスジを境に、用途に応じて大きさを決め、先端を切り離す。目安として、着席の食事用では、縦のスジから指1本だけ先端側のところから切り離す。宴会用では、ある程度の大きさがほしいので、指2本分だけ先端側のところで切り離す。

②
牛肉の大きさの目安を付けたら、表面の脂身の上から包丁を入れて先端を切り取る。切り取った部分は、グレービーソースの材料に使う。

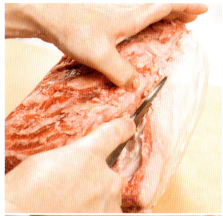

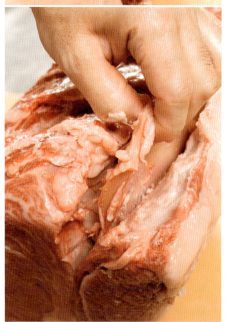

中の硬いスジを取る

③
リブロースとカブリの境目近くには、硬いスジが板状に通っているので、包丁を入れてスジを抜き取る。宴会用ではカブリの部分ははがさないが、着席の食事用にはカブリの部分をはがす。

ローストビーフの調理

材料
下処理した牛リブロース
粗塩 …… 適量
胡椒 …… 適量

『東京會舘』流の野菜を用いないで焼く調理法を紹介。大きなリブロースのブロックで調理するので、火の通りが均一になるように、肉の厚みを均一にすることがポイントになる。

切った肉をのせて厚みを均一に

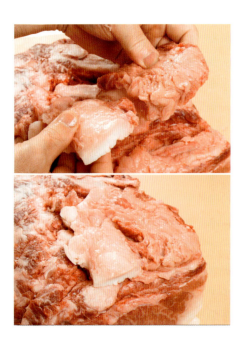

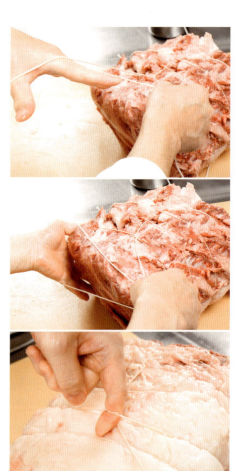

①
形を整えたリブロースのブロックは、厚みが均一になっていない。切り取った肉を薄い部分にのせて全体の肉の厚みを揃える。こうしてブロック肉への火の通りを均一にする。

②
型崩れを防ぐために、肉の端からロースト紐でしばる。火が入ると肉が縮むので、それを考慮してロースト紐はきつめにしっかりとしばる。カブリを取った場合でも、焼くときには、カブリの上に層になってついていた脂身はのせてしばるのもポイント。脂身をのせることで、焼き上がりがしっとりする。

焼き上がりを金串でみて、休ませる

③

しばった肉の上から粗塩と胡椒をしっかりとふり、手ですりこむ。脂身のほうを上にして鉄板にのせる。230℃のオーブンで30分焼いて、120℃に落として2時間半ほど焼く。30分おきに鉄板に水を50mlほど入れて肉がパリパリになるのを防ぐ。

④

時間がきたら焼き上がりではなく、金串を刺し、金串を下唇の下に当ててみて最終判断をする。金串は水に浸けておいて冷たくしておき、肉に深く刺し込む。引き抜いて、肉の中心部に達していた部分の金串を下唇の下に当てて温度をみる。オーブンから出して1時間ほど温かいところにおく間に余熱が入ることを考慮し、温度をみて、これで丁度いいのか、もう少しオーブンに入れたほうがいいかを調整する。オーブンから出したら、温かいところに1時間ほどおいて休ませる。肉汁が全体にまわり、やわらかくなる。

⑤
休ませた肉は、まな板に移し、ロースト紐をはずして成形の作業にはいる。肉汁がしみこんだロースト紐は残しておく。グレービーソースを作るときに使用する。

⑥
肉の上面にのせていた脂身を取り除く。着席用のローストビーフなら、この段階でカブリの部分を取り除く。宴会用で大きさを出したいときには、カブリの部分を付けておく。

伝統の技術を学ぶ『東京會舘』のローストビーフ

⑦
肉の端の焦げた部分、脂身の部分を取り除く。ローストビーフ用のサービス台にのせる。

⑧
注文に応じて薄くスライスし、皿に盛り付ける。1人前でスライスしたローストビーフを2枚盛り付けるのが、『東京會舘』のスタイル。

グレービーソース

材料
ローストビーフを焼いた鉄板に残った肉汁
ローストビーフの端肉
牛リブロースを掃除するときに除くスジ、脂身
ローストビーフを焼いたロースト紐
お湯 …… 適量
塩 …… 適量
胡椒 …… 適量

ローストビーフのソースとして定番のグレービーソース。『東京會舘』では野菜を使わず、ローストビーフを焼いた鉄板に残った肉汁や、肉の下処理のときに出るスジや端肉を使って、牛肉の旨味だけを1週間かけて凝縮させてソースに仕上げる。ローストビーフ用の牛肉が出る端肉やスジだけでは足りないので、グレービーソース用に端肉とスジを仕入れて、手間とコストをかけて透明感のある上質なグレービーソースに仕上げている。

② ローストビーフを焼いた鉄板にお湯を注ぎ、火にかける。鉄板にこびりついた肉汁を木べらで鉄板をこすりながら溶かす。肉をしばっていたロースト紐にも肉汁がしみ込んでいるので、一緒に炊く。

① ローストビーフを成形するときに出る端肉、牛肉の下処理のときに出るスジや端肉をフライパンで炒めて余分な脂を出す。炒めたら鍋に移してお湯を注ぐ。

1週間かけて仕上げる
グレービーソース

塩加減は、
若干、強めに

3

牛肉の旨味を溶かしたら、ロースト紐を除いて1の鍋に移す。これを火にかけ、さらに煮出す。強火で炊くと濁るので、火加減に注意して炊く。1日炊いて、肉の旨味を出し切ったところでシノワで漉す。表面に浮いた脂をきれいにすくい取って冷蔵庫に入れる。

4

翌日の作業。牛リブロースを掃除したときの端肉やスジをフライパンで強火で炒めて焼き色を付ける。これを前日煮出した3の鍋に入れて炊く。肉の旨味が出きったところでシノワで漉し、表面に浮いた脂をきれいにすくい取って冷蔵庫で保存する。翌日、同様の作業をする。4の作業を1週間繰り返す。終始、濁らせないように火加減に注意する。

5

端肉やスジを炒めて煮汁で炊く作業を1週間繰り返したもの。写真のように、冷えると固まるゼラチン質の多い、牛肉の旨味が凝縮された透明感のあるきれいなソースになる。塩、胡椒で味を調えて仕上げる。牛リブロースは塩をふって焼いているが、ブロック肉の内部までは塩は浸透していない。グレービーソースは、それだけを味見したとき、若干、強めの塩味にしておくと、ローストビーフにかけたときに丁度いい。

レフォール(ホースラディッシュ)

　レフォールは、すりおろして皿に盛り付けるのではなく、ローストビーフとの相性を高めるひと手間を加えて盛り付ける。

　レフォールは、まず、粗めにすりおろす。これをまな板の上に広げて、少しの酢と砂糖を加えて包丁でたたいて細かくしながら混ぜ合わせる。レフォールの辛味がやわらぎ、ローストビーフの旨味を引き立て、脂っぽさを消してくれるレフォールにする。

『東京會舘』のローストビーフは、こちらで召し上がれます。

東京會舘レストラン ROSSINI

住所　東京都千代田区内幸町2-2-2　富国生命ビル1階
電話　03-3215-2123
営業時間　11時〜22時(L.O.21時30分)
定休日　土曜日、日曜日、祝日
https://www.kaikan.co.jp/branch/fukoku/restaurant/rossini_index.html/

人気店の
ローストビーフと
ローストビーフ料理

本書で登場するローストビーフの加熱方法チャート

レシピ掲載のソースリスト

グレービーソース	
	くいしんぼー山中 → P25
	ローストビーフの店 ワタナベ → P61
	キュル・ド・サック → P79
	ドンヤマダ → P111
	フルーツパーラー サンフルール → P127
ローストビーフソース（醤油ベースの香味系ソース）	
	トラットリア グランボッカ → P55
牡蠣とフォンドヴォーのソース	
	アズー → P141
マスタードソース	
	ブラッスリー オザミ 丸の内店 → P67
グリーンオリーブソース	
	ラ・ロシェル山王 → P35
コルニッションとマスタードのピュレ	
	レストラン セビアン → P38
野菜のソース	
	カルネヤサノマンズ → P49
根セロリのクリーム	
	フレンチバール・レストラン アンティーク → P89
西洋わさびとレモンクリームソース	
	ドンカフェ*36 → P97
じゃがいものエスプーマ	
	ドンヤマダ → P111
コンソメのジュレ	
	フレンチバール・レストラン アンティーク → P83
燻製醤油とペドロヒメネスシェリーソース	
	バー チェロ → P83
トムトムドレッシング（オニオンベース）	
	バール トラットリア トムトム → P116
レフォールドレッシング	
	バール トラットリア トムトム → P117

- → 尾崎牛焼肉 銀座 ひむか → P26
- トラットリア グランボッカ → P50
- → くいしんぼー山中 → P20
- キュル・ド・サック → P74
- バー チェロ → P80
- ドンカフェ*36 → P94
- ドンヤマダ → P106
- フルーツパーラー サンフルール → P122
- → ワイン酒場 エストワイ → P132
- → 拳ラーメン → P118
- → カルネヤサノマンズ → P42
- → アズー → P136
- → ラ・ロシェル山王 → P30
- → ブラッスリー オザミ 丸の内店 → P62
- → 洋食 レヴォ → P68
- 那須高原の食卓 なすの屋 → P90
- イタリアンバル ハイジア → P102
- → レストラン セビアン → P36
- → フレンチバール・レストラン アンティーク → P84
- → フルーツパーラー サンフルール → P128 ※ローストタン
- → バール トラットリア トムトム → P112
- → ローストビーフの店 ワタナベ → P56

1 くいしんぼー山中
『ローストビーフ』

「高温で焼き、4分ごとに返す。クラシカルな技法で作るこれぞ正統派ローストビーフ」

　ローストビーフは肉で決まる。そう断言する山中さんは、近江牛一筋40年のベテランだ。信頼のおける畜産農家から仕入れた肉を着火式の大型ガスオーブンに入れて、約300℃で焼く。高温のため、きれいに仕上げるには1kg以上の塊肉が必要だ。ミルポワ、近江牛の牛脂とともに焼き、4分ごとに溜まった汁を回しかけて乾燥を防ぐ。焼き具合は金串をさして数秒、唇に当てて確認する。「昔は必須の技術でしたが、今はもう珍しい方法でしょうね」。できたローストビーフは艶やかな小豆色に肉汁が浮き、何とも魅惑的だ。

　肉汁を凝縮して作るソースもまた「旨い肉からしか旨いグレービーは取れない」と山中さん。一流の素材を一流の職人技が生かす、珠玉の逸品である。

オーナーシェフ
山中康司
YASUSHI YAMANAKA

1949年京都市生まれ。滋賀県八日市市のステーキハウスで2年半経験を積んだ後、76年に独立開業。以来40年「本物の味を広めたい」と8か月の仔牛を30か月肥育した未経産の近江牛にこだわり、肉料理一筋で全国の食通をうならせている。

ROAST BEEF INFO

価格：1kg 50000円〜（税別・要予約）
牛肉：近江牛ロース
加熱方法：フライパンで加熱→オーブン
ソース：グレービーソース

小豆色の断面は近江牛の証

ローストビーフ

材料
ローストビーフ
近江牛ロース …… 約2kg（写真は1880g）
塩 …… 肉の重量の2％
白胡椒 …… 適量
ミルポワ（人参、セロリ、玉ねぎ、ディル、パセリの軸）
　…… バットに敷き詰められる量
ニンニク（スライス）…… 3〜4片分
ローリエ …… 5〜6枚
牛脂 …… レードル1〜2杯

仕上げ（1皿分）
ローストビーフ …… スライス1枚
そらまめ・スナップえんどう・菜の花 …… 各2個
クレソン …… 1本
ホースラディッシュ
（すりおろしてライムの汁を混ぜておく）
　…… 適量
グレービーソース（P25）…… 適量

塩、白胡椒をまぶす

1
常温に戻した近江牛ロースをタコ糸で縛る。

Check
使用するのは8か月の但馬牛を鈴鹿山系の湧き水などで30か月肥育した、未経産の近江牛。自然な霜降りと、小豆色で粘りのある断面が特徴だ。

2
肉の重量に対して2％の塩、白胡椒を肉の表面全体にまぶす。

Check
きれいな色に焼き上がるよう白胡椒を使用。塩分は2.5％まで増やした方が味に締まりが出るが、焼いた後の肉汁で作るグレービーソースがしょっぱくなりすぎるため、2％にとどめる。

3

ミルポワを牛脂でざっと炒める。ミルポワに脂をまわす程度でよい。

表面をフライパンで焼き固める

4

フライパンに牛脂とニンニクを入れて炒め、肉の表面のみを焼く。

Check
色付けが目的ではないので、表面が固まればOK。

オーブンで焼く

5

バットにミルポワを敷き、その上に肉、4のニンニク、牛脂、ローリエをのせる。

Check
同じ近江牛から取った牛脂をのせる。直火で乾きすぎないようコーティングする意味がある。

6

約300℃のオーブンに入れる。4分ごとに取り出し、バットに溜まった汁を肉に回しかけて、肉をひっくり返す。

Check
300℃の高温で、こまめに焼き汁をかけながら加熱を行う目的も、工程5の牛脂の役割と同じく、肉の表面が乾きすぎるのを防ぐため。

7

3、4回目から肉に金串をさして唇にあて、芯温をチェックする。

Check
肉の厚みが異なる2〜3箇所に金串をさして数秒待って計ると、均一に火が入ったかどうかわかる。

常温で休ませる

8

5、6回目で芯温が体温と同じか少し温かい程度になれば取り出し、肉を別のバットに移して肉汁が落ち着くまで常温で休ませる。

Check
重量の減りは10%までが目安。取り出してすぐは肉汁が対流しているので、落ち着くまで休ませる。肉のサイズによるが、2kg前後なら15分以上休ませる。

SAUCE RECIPE

グレービーソース

材料
ローストビーフの焼き汁（左記の作り方8参照）…… 適量
ビーフブイヨン …… 適量
フォンドボー …… 適量
塩 …… 適量

作り方
1 ローストビーフを焼いた後のバットに(a)、ビーフブイヨンを注いで内側をこそげる。
2 漉して冷やす。
3 固まった脂を取り除き、1/4量になるまで煮詰める。
4 同量のフォンドボーを合わせて、塩で味を調える(b)。

a

b

Check

仕上げ

9

提供時に、厚さ7〜8mmにカットする。出てきた血管は取り除く。

Check
カットしながら血管が出てきたら取り除く。

10

1枚を皿に広げて盛り付け、さっとボイルした旬の野菜、クレソン、ホースラディッシュを添える。温め直したグレービーソースをソースポットに入れて供する。

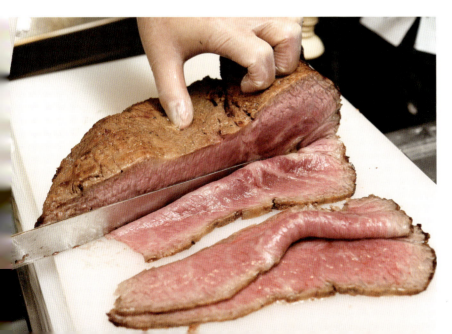

2 尾崎牛焼肉 銀座 ひむか
『ローストビーフ丼』

「日本一の呼び名が高い尾崎牛の赤身の絶妙な旨味を丼にしました」

　月間わずか30頭しか出荷されない黒毛和牛で、美食家をとりこにすると言われる宮崎の尾崎牛。肉のおいしさは脂で、脂の味は水や飼料、環境で決まるので、自然の湧き水と自家製配合飼料を与え、ストレスフリーな環境で育てているという。その尾崎牛の焼肉専門店として、ローストビーフ丼はランチ限定15食で提供。使う肉はモモの部位。取材時はモモ肉の中で外モモにあたる部位「シキンボ」を使用。繊維質に弾力がある部位で噛めば噛むほど赤身の旨味が感じられる。ローズマリーと塩胡椒、尾崎牛の脂で一昼夜マリネをしてからスチームコンベクションで低温調理をしたローストビーフは、薄く切られていても味わい深い。甘い醤油ベースのタレを合わせて提供している。

料理長
加藤大介
DAISUKE KATO

和食の道で20年。東急プラザ銀座オープンと共に料理長に就任。

> **ROAST BEEF INFO**
>
> 価格：昼のみ提供。限定15食、牛筋スープ、サラダ、キムチ付き 3800円（税別）
> 牛肉：宮崎　尾崎牛のモモ肉
> 加熱方法：オーブン
> タレ：九州の甘口醤油と酢のタレ

最高級黒毛和牛をたっぷりと

ローストビーフ丼

材料
ローストビーフ
尾崎牛モモ肉 …… 1～2kg
尾崎牛の牛脂 …… 適量
塩 …… 適量
黒胡椒 …… 適量
ローズマリー …… 2枝

仕上げ（1人前）
ローストビーフ …… 12～13枚
ごはん …… 180g
刻み海苔 …… 適量
牛そぼろ …… 適量
白髪ねぎ …… 適量
あさつき（小口切り）…… 適量
醤油ダレ …… 適量

マリネする

1

尾崎牛モモ肉のスジ、脂部分を切り取って成形してから、塩、黒胡椒をふり、牛脂をぬってローズマリーとともにラップで包んで一晩マリネする。

Check
塩は少し強めにふる。牛肉の風味を良くするため、同じ尾崎牛の牛脂を表面にぬる。

2

マリネしたら、常温に戻し、ホテルパンにクッキングシートをしいて牛肉をのせて、150℃のオーブンで25～30分焼く。途中、芯温計で肉の中心の温度を確認し、芯温が65～70℃になったら出す。

カットする

3
オーブンから出したら牛肉は冷やす。冷やしてからカットする。2.5mmの厚みにカットする。

盛り付け

4
器にごはんを盛り、その上に刻み海苔をのせる。その上から醤油ダレを少しかける。ローストビーフを広げて、器の縁に貼り付けるように並べて盛り付ける。中央に牛そぼろを盛り付け、その上に白髪ねぎ、あさつきをのせる。ローストビーフに醤油ダレをかけて提供する。

3 ラ・ロシェル山王

『ローストビーフ プロヴァンスの香り』

> 「香草ソースとサーロインの
> 味わいが絶妙の
> ハーモニーを奏でます」

　薩摩黒牛のサーロインのＡ４ランクは、脂がのっているが、赤身も濃い部位。その牛肉の旨味を個性的なマリネの手法と、プロヴァンス風パン粉をまとわせた仕上げで、冷製でも豊かな香味を楽しませる品にした。

　マリネに使用するのは、アンチョビとケッパーとハーブとグリーンオリーブをミキサーにかけて作るソース。このソースにゼラチンを混ぜてプロヴァンス風パン粉を牛肉に貼り付ける接着用にも使い、さらに、生クリームとジェルエスペッサと合わせて盛り付けるソースにもする。

　プロヴァンス風パン粉は、椎茸、ベーコン、赤ピーマン、黒オリーブ、タイム、ローズマリーをそれぞれ乾燥させて細かくし、フライパンで煎ったパン粉とニンニクチップの混ぜたもの。パン粉の割合は全体の１割ほどの、香味食材が主体のオリジナルパン粉。オードブルとして、食欲を増させる役割を十分に果たすメニューだ。

ROAST BEEF INFO

価格：宴会用メニュー
牛肉：薩摩黒牛サーロイン（Ａ４）
加熱方法：フライパンで加熱→真空包装＋スチコンのスチームモード
ソース：グリーンオリーブソース

料理長
川島　孝
TAKASHI KAWASHIMA

1967年群馬県生まれ。89年「ラ・ロシェル渋谷」のオープニングスタッフとして入社。99年「ラ・ロシェル南青山」のオープンと同時に副料理長に就任。その後、フランスでの修業を経て、帰国後の2010年「ラ・ロシェル山王」の料理長に就任。

とろける食感のコールドローストビーフ

ローストビーフ プロヴァンスの香り

材料
ローストビーフ
牛サーロイン …… 1kg
マリネ塩※ …… 肉の重量の0.8％
オリーブオイル …… 適量
グリーンオリーブソース（マリネ用）※ …… 適量
板ゼラチン ……
　合わせるグリーンオリーブソースの4％
オリジナルパン粉※ …… 適量

※**マリネ塩**
材料（仕込み量）
　ナツメグ …… 10g
　塩 …… 60g
　白胡椒 …… 20g
作り方
1　材料をよく混ぜ合わせる。

※**グリーンオリーブソース（マリネ用）**
材料（仕込み量）
　アンチョビ入りグリーンオリーブ …… 170g
　アンチョビ …… 30g
　ケッパー …… 20g
　セルフィーユ、ディル、エストラゴン、
　イタリアンパセリ …… 計30g
作り方
1　材料をミキサーでよく混ぜ合わせる。

※**オリジナルパン粉**
材料（仕込み量）
　乾燥椎茸 …… 2g
　ベーコンチップ …… 8g
　赤ピーマンチップ …… 4g
　乾燥黒オリーブ …… 8g
　ドライタイム …… 1g
　ドライローズマリー …… 1g
　ニンニクチップ …… 6g
　パン粉（煎ったもの）…… 4g
作り方
1　椎茸、ベーコン、赤ピーマン、黒オリーブ、タイム、ローズマリーは80℃のオーブンに約2時間半入れて乾燥させる。
2　ニンニクはスライスして油で揚げてニンニクチップにする。パン粉はフライパンで煎る。
3　それぞれをみじん切りにした後、ボウルで合わせる。

仕上げ（4人分）
ローストビーフ …… 240g
グリーンオリーブソース …… 適量
グリーンアスパラガス …… 2本
紅芯大根の昆布〆※ …… 適量
赤玉ねぎのマリネ※ …… 適量
ナスタチウム …… 適量

※**紅芯大根の昆布〆**
紅芯大根を薄切りにし、塩をふって昆布で挟んで24時間冷蔵庫におく。

※**赤玉ねぎのマリネ**
赤玉ねぎを薄切りにし、電子レンジ（700w）で1分加熱してから、赤ワインビネガーとオリーブオイルでマリネする。

成形する

1
薩摩黒牛のサーロイン。赤身の濃いのが特徴。他、ローストビーフには、イチボや芯タマの部分も向いている。牛サーロインを5cm幅にカット。この幅でおよそ1kg。脂身の部分、スジの部分を取り除くと600gになる。1皿分60gとして、10皿分になる。

2
肉の重量の0.8%のマリネ塩を全体にふる。マリネ塩をふったらすぐにフライパンで焼く。マリネ塩をして肉をねかせるとハムのようになるのですぐに焼く。

焼く

3
オリーブオイルを引いて、しっかり熱したフライパンで焼く。

Check
中火だと肉の中まで火が入っていってしまうので強火で表面だけを焼く。

真空包装する

4 表面を焼いた肉とグリーンオリーブソースを合わせて真空包装し、そのまま1時間おく。

スチコンに入れる

5 スチームモード、温度71℃のスチコンに25分入れる。取り出したら氷水で冷やし、冷蔵庫に移して2日おく。

仕上げる

6 真空包装から肉を取り出し、ゴムべらで肉の表面のグリーンオリーブソースをこそげ取る。このグリーンオリーブソースは、ゼラチンと合わせて再度肉に塗るのと、仕上げに添えるソースにもする。作業がしやすいように肉に金串を3本刺す。

7

板ゼラチンを湯煎で溶かし、袋に残ったグリーンオリーブソースの一部と混ぜ合わせる。板ゼラチンは、合わせるグリーンオリーブソースの4％の割合。これを肉の表面に塗り、オリジナルパン粉を全面に貼り付ける。

8

金串を支えにして肉を浮かせた状態にして、冷蔵庫で30分ほど休ませる。

Check
休ませることでオリジナルパン粉が肉になじむ。

9

冷蔵庫から出したローストビーフは5mm～10mmの厚みでカットする。これより薄いと貼り付けたパン粉がはがれやすくなる。紅芯大根の昆布〆、塩茹でしたグリーンアスパラガス、赤玉ねぎのマリネ、ナスタチウムと盛り付ける。

SAUCE RECIPE

グリーンオリーブソース（仕上げ用）

材料
グリーンオリーブソース（マリネ用）…… 適量
生クリーム ……
　グリーンオリーブソース200gに対して10ml
ジェルエスペッサ ……
　グリーンオリーブソース200gに対して5g

作り方
7で、ゼラチンと合わせなかった残りのグリーンオリーブソースを漉す。そのグリーンオリーブソース200gに対して10mlの生クリームとジェルエスペッサ5gを合わせてよく混ぜる。

4 レストラン セビアン
『あか牛フィレのローストビーフ』

「三段階の火入れでやわらかく、
上質な赤身の肉質を
香りとともに仕上げます」

　あか牛の肉質は赤身が多く、適度の脂肪分も含み、旨味とやわらかさ、ヘルシーさを兼ね備えている。その肉質を生かしたローストビーフにするため、加熱は三段階に分けて行った。まず、あか牛をスパイスとローズマリーと真空包装してマリネすることで、しっかり香りをまとわせて、やわらかい質感の肉になるようにした。

　一段階目の加熱は、は55℃のウォーターバスで。時間をかけ、フィレ肉をやらかいまま中まで火入れをする。二段階目の加熱はフライパンで表面をこんがりと焼く。三段階目はお客様に提供する前に、オーブンでもう一度火入れをする。こうすることで肉汁の旨味を閉じ込めつつ、フィレ肉のおいしさが引き立つ理想的な火の入り具合になる。付け合わせには、シンプルな野菜を合わせるのもポイント。バルサミコ酢でマリネをした新玉ねぎはさっぱりと。ソースはコルニションとマスタードのピュレ。甘酸っぱさがフィレ肉の脂に香りをマリアージュさせた。

ROAST BEEF INFO

価格：3000円／100g（税別）
牛肉：あか牛フィレ
加熱方法：真空包装＋ウォーターバスで加熱→フライパンで加熱→オーブン
ソース：コルニションとマスタードのピュレ

オーナーシェフ
清水崇充
TAKAMITSU SHIMIZU

1977年東京都生まれ。シェフである父親の背中を見て育ち、1998年より三笠會舘で5年修業。2004年から父親が経営してきた「セビアン」の2代目オーナーシェフに就任し、現在に至る。

マリネとソースの香りでおいしく

あか牛フィレのローストビーフ

材料
ローストビーフ
熊本あか牛 …… 740g
塩 …… 適量
胡椒 …… 適量
ローズマリー …… 適量
ナツメグ (パウダー) …… 適量
ニンニク (すりおろし) …… 10粒分

仕上げ (1皿分)
ローストビーフ …… 80g
EXV. オリーブオイル …… 適量
花わさび …… 適量
新玉ねぎ …… 適量
コルニションとマスタードピュレ (下掲) …… 適量
新玉ねぎのバルサミコマリネ ※ …… 適量
フルールドセル …… 適量

※ 新玉ねぎのバルサミコマリネ
材料 (仕込み量)
新玉ねぎ …… 1個

《マリネ液》
水 …… 100ml
バルサミコ …… 80ml
砂糖 …… 40g
粒胡椒 …… 適量
ローリエ …… 1枚
唐辛子 …… 1本
塩 …… 3g

作り方
1　新玉ねぎは1cm幅にスライスする。
2　鍋に、マリネ液の材料を入れて、火にかけて沸いたら止める。
3　鍋のマリネ液をタッパーに移し、マリネ液が温かいうちにスライスした新玉ねぎを入れる。1日おく。

SAUCE RECIPE

コルニションとマスタードのピュレ

材料 (仕込み量)
コルニション …… 30g
ケッパー …… 30g
パセリ …… 適量
ビオレマスタード …… 20g
ディジョンマスタード …… 10g
EXV. オリーブオイル …… 適量

作り方
1　材料をロボクープで撹拌する。
2　ボウルに移して、EXV. オリーブオイルを加えて混ぜ合わせる。

マリネする

Check

1
あか牛の肉のスジと脂を掃除する。肉の重量の1.2％の塩、胡椒をして紐で縛り真空包装する。冷蔵庫で一晩以上マリネする。

Check
塩、胡椒のマリネと、ハーブでのマリネは分けてする。塩・胡椒のマリネは真空包装して、しっかりと浸透させるようにマリネする。続いてのハーブのマリネはラップで巻いておこなう。

2
ローズマリーはざっくり切る。ニンニクはすりおろす。塩・胡椒でマリネした肉を包装袋から取り出し、ニンニクすりおろしをすりこむ。続いて、ローズマリーをぬり、ナツメグパウダーを全面にたっぷりとかける。ラップで巻く。冷蔵庫で一晩マリネする。

ウォーターバスに入れる

3

マリネした2の牛肉を真空包装して、55℃のウォーターバスに3時間入れる。

フライパンで焼く

4

ウォーターバスから取り出し、包装袋から出した牛肉は、フライパンにオリーブオイルを引き、強火で表面を焼く。

スチコンに入れる

5

肉を2〜3cm幅にカットして、コンビモード、温度55℃のスチコンに10分入れ、温める。

6

皿に、玉ねぎマリネを盛り付ける。コルニションピュレを盛り付ける。ローストビーフを盛り付け、上にフルードセルをかける。花わさびを盛り付ける。

5 CARNEYA SANOMAN'S
カルネヤサノマンズ

『熟成肉の骨付きローストビーフ』

> 「旨味を含んだ42％の水分を
> 血液が暴れない低温の火入れで
> 骨付き熟成肉に閉じ込めます」

　使用する「さの萬」のドライエイジングビーフは、熟成によって旨味成分を増やし、牛肉が最もおいしいと感じる42％まで水分量を減らして凝縮させたもの。よって濃厚な旨味を含んだ肉汁を極力肉にとどめ、熟成で生まれたシルキー感を生かしきめ細かな肉質に仕上げるために、肉にストレスを与えないおだやかな火入れを行う。骨付き肉を選ぶのも、肉が縮んで肉汁が流出するのを避けるためだ。フライパンでの焼きからその後のスチコン加熱まで、なるべく血液が暴れないように低温を保ち、アルミ箔で包み寝かせた段階で最終芯温48〜50℃にもっていく。その間、肉から落ちた脂を絶えずまわしかけ、熟成肉の要ともいえるナッツのような熟成香をまとわせる。

　合わせるのは野菜と塩だけで作るまろやかなソース。味わいは深くも後味は軽く、熟成肉の繊細な仕上がりを邪魔せず引き立てる。

代表取締役
高山いさ己
ISAMI TAKAYAMA

浅草の老舗焼肉店に生まれ、18歳より料理の道に入る。都内のレストランを経歴の後、2002年渡伊し修業。帰国後、「イル・パッチォコーネ」、「コルレオーネ」のシェフを経て独立し、2007年に牛込神楽坂「カルネヤ」、2014年に西麻布「カルネヤサノマンズ」を開業。

ROAST BEEF INFO

価格：10000円と13000円のコース料理のメインとして提供（税別・要予約）
牛肉：骨付き国産牛サーロイン・ドライエイジングビーフ
加熱方法：フライパンで加熱→スチコンの熱風モード
ソース：野菜のソース

熟成肉の骨付きローストビーフ

材料

ローストビーフ（2～3人分）
骨付き国産牛サーロイン・ドライエイジングビーフ …… 1.8kg
シチリアの海塩（焼き塩・フレーク）…… 適量
熟成肉の牛脂 …… 適量
ニンニク（皮付き）…… 1個
八角 …… 1個

仕上げ（1皿分）
ローストビーフ …… 上記全量
ルッコラ …… 適量
野菜のソース（P49）…… 適量
シチリアの海塩 …… 適量

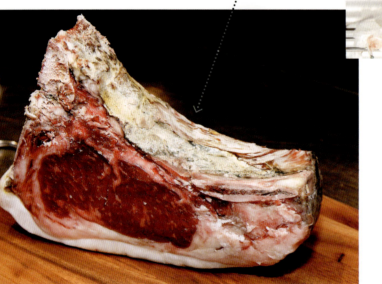

成形する

1

骨付きサーロインのブロック肉から1.8kg分の幅に切り出す。

Check
肉の縮みのない骨付き肉を使う。牛肉は、専用の熟成庫で約40日間かけて仕上げたドライエイジングビーフ。微生物の働きで増加し、水分を飛ばし凝縮させた旨味成分と、独特の熟成香が魅力。同店ではメインのステーキ肉をはじめすべてに熟成肉を使い、その魅力を伝えている。

2

肉の赤身と骨が出るところまで、表面の変色している部分を包丁で削ぎ取る。変色部分は食べたときの雑味になるため、丁寧に取り除く。

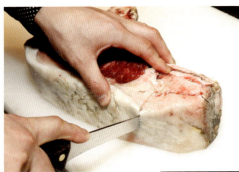

3

脂は赤身から厚さ1.5cmほどを残して取り除く。側面の脂も同様に切り落とし、骨が見えるように成形する。

Check
赤身部分が直接フライパンに触れると縮んでしまう。カバーするために、1.5cmほど脂を残す。

塩をふる

4

塩は焼いたときに脂と一緒に落ちるので、強めにむらなくふり、手で全体になじませる。肉から水分とともに旨味が出ないように、塩をしたらすぐに焼く工程へ移る。

フライパンで牛脂をからめる

5

フライパンを弱火にかけ、熟成肉のヘットを溶かし、最初は脂身の部分を、次に側面を焼く。

Check
熟成肉のヘットで甘い風味を付けることが目的。高温で焦げ色が付くまで加熱すると肉にストレスを与えるため、あくまで1〜2分間温めながら落ちた脂をスプーンで全体にかけて香りをまわし、表面をコーティングするイメージで行う。また熟成肉は水分が少ないため、メイラード反応が起こりやすく焦げやすいので、弱火をキープする。

6

続いて、ニンニク、八角を加え、脂をかけてスパイシーな風味を移し、肉全体に脂をかけて風味を添える。バットに移し、フライパンに残った焼き脂をかける。

Check
ニンニクと八角の甘い風味は熟成肉と好相性。ニンニクは外皮を付けたまま使い、食べてもわからない程度の、ごくほのかな風味をまとわせる。この風味の効果で味の単調さがなくなり、最後まで飽きずに食べられる。

スチコンで焼く

7
スチームコンベクションオーブンに入れ、骨のきわに芯温計をさし、熱風モード、温度130～140℃、芯温43℃、風量は弱めに設定する。

Check
血液をあばれさせないように、低温で火を入れることを目的とした温度設定。また水分をとばさないように、風量は下げて加熱する。芯温計は熱が伝わりにくい、骨のきわにさしている。

8
芯温30～33℃になったら(約30分)、肉の上下を返し、さらに加熱する。ニンニクを土台にすると安定する。

温かい場所で休ませる

9
芯温43℃になったら取り出す(合計の焼き時間は約1時間)。バットに出た脂をかけてなじませる。

10
焼き上がりは、指で断面を押すと適度なやわらかさがある状態。アルミ箔でゆったりと包み、少し隙間を開け、40℃位のやや温かい場所で約30分休ませる。

Check
休ませている間に、中の肉汁が全体をかけめぐり、全体の温度が48～50℃に上昇し、さらにおだやかに熱が入る。徐々に温度が下がり、肉がよりゆっくり休まるように、アルミ箔で包みつつ、隙間を開けて空気の通り穴を作る。

11

指で押したとき、ふんわり戻るようなやわらかい弾力があり、肉の膨張が落ち着いたらねかせ終わり。

仕上げ

12

骨にそって肉の間に少しずつ刃先を入れ、肉を残さないように骨をはずす（左）。筋と余分な脂も取り除く（下）。焼くときは、肉が縮まないように筋は付けておくが、かたく食べられないのでここで取り除く。骨を取り除いた最終的な可食部は、全体の3～4割程度。

13

4〜6枚に切る。皿にローストビーフを盛って切り落とした骨をおき、温めた野菜のソース、ルッコラ、塩（フレーク）、ニンニク、八角を添える。

Check

焼き上がりの水分量に合わせて厚みは微調整している。少し水分が少なくパサつきを感じたら、薄めに切る。

肉自体の味わいが強く豊かなため、肉のジュで作るソースでは重すぎてしまう。そこで、野菜だけを10時間以上煮詰めて作る、濃厚ながら後味は軽い「野菜のソース」を合わせた。

SAUCE RECIPE

野菜のソース

材料

玉ねぎ・セロリ・人参・ニンニク・トマト・キャベツ …… 全て同量
焼き塩 …… 少々

作り方

1. 野菜はすべて適宜に切り、鍋に水40Lとともに入れて3〜4時間煮る（a）。
2. 目の細かいシノワで野菜をつぶしながら漉す。
3. 鍋にもどし、100mlほどになるまで約8時間煮詰める。塩で味を調える（b）。

a　　　　　b

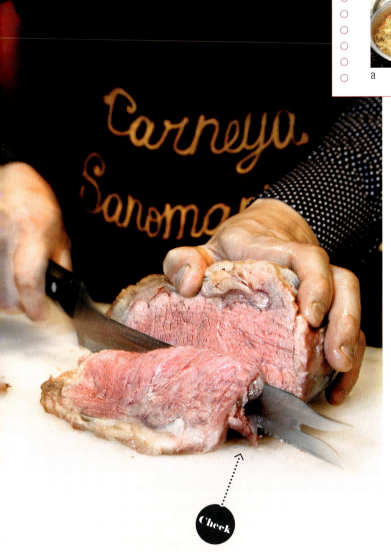

6 TRATTORIA GRAN BOCCA
トラットリア グランボッカ

『極旨、ローストビーフ』

「何度も休ませながら低温で焼いて、
やわらかくジューシーな
おいしさを引き出します」

「インパクトのある肉料理」をテーマに、約2cm厚のローストビーフを開発。ステーキと見紛うような分厚さと食べ応えが、女性客をも惹きつけている。

製法の第一ポイントは肉の選定。食べ飽きしないよう、脂が適度に入っていてさっぱりしたUSリブロースを選ぶ。平日は12〜13kg、週末は約20kgを仕込むが、忙しいランチ時でも均一に焼けるよう、肉はなるべく同じ重量と形のブロックを仕入れるようにする。第二のポイントは、オーブンから出すタイミングでこまめに休ませながら焼くこと。肉汁を中に落ち着かせて、"ふわっ"とやわらかくジューシーに仕上げる。厚くカットする分、やや濃いめに味付けした醤油ベースのソースを合わせ、好みで本わさびをつけて食べる。

料理長
加藤俊明
TOSHIAKI KATO

「イタリア料理 カプリチョーザ」に約6年勤務した後、イタリア・エミリア=ロマーニャ州に渡って1年半修業。帰国して2005年に㈱セレソンに入社し、専務取締役に就任。現在、新店の立ち上げやメニュー開発などに携わる。

ROAST BEEF INFO

価格：200g/2900円（税込）
※ 追加100g/1450円（税込）
※ 数量限定。平日は17時30分〜、土日祝日は終日提供
牛肉：アメリカ産牛リブロース
加熱方法：オーブン
ソース：香味系ソース

極旨、ローストビーフ

材料
ローストビーフ
アメリカ産牛リブロース …… 2.5kg
塩（シチリアの塩）…… 適量
黒胡椒 …… 適量
ニンニク（おろす）…… 5〜6片分
牛脂（和牛）…… 1かけ
白ワイン …… 適量

仕上げ（1皿分）
ローストビーフ …… 約200g
ローストビーフソース（P55）…… 50ml
本わさび …… 適量
マッシュポテト …… 適量

成形し、マリネする

1
リブロースに糸を形がほぐれない程度に縛り、塩を強めに打って手で全面になじませる。続いて黒胡椒をふって軽くなじませ、おろしニンニクをまわりにつける。これをラップでくるみ、冷蔵庫で1〜2日マリネする。

Check
ランチタイムは厨房も忙しく、焼き加減や休ませる時間に気を配る余裕がないことも。そうした中で均一に焼き上げるため、肉の重量（2.5kg）と形状（高さと厚みがあって形のよいもの）を選ぶようにした。US牛はかたまりがやせているとパサつきやすく、形がよい方がしっとりおいしく仕上がる。

高温のオーブンで焼く

2
冷蔵庫から出して3〜4時間ほど常温におき、キッチンペーパーを敷いたバットにのせる。

3
焦げ付かないようバットに少量の水を入れ、肉の上に牛脂をのせて、220℃のオーブンで20分焼く。

Check
肉を焼く際に和牛の牛脂をのせる。焼いている間に脂が溶けて肉の表面にまとわりつき、上質な香りやコクが添えられる。脂の質がよい和牛の牛脂であることがこだわり。

4

こんがりと焼き色が付いたら肉を裏返し、牛脂をのせてさらに10分ほど焼く。のせた牛脂が残っていれば再度それをのせ、溶けてしまっていたら新しいものをのせる。

温かい場所で休ませる

5

両面に焼き色が付いたらオーブンから取り出し、白ワインをふって風味を付け、温かい場所で20分ほどおいて休ませる。その間にオーブンを100℃まで下げておく。

低温のオーブンで焼く

6
5をホイルでしっかりくるみ、同じバットにのせて100℃のオーブンで30分ほど焼く。

7
いったんオーブンから取り出して常温で15〜20分休ませ、肉を裏返してさらに100℃で30分焼く。

Check
最初の30分は表面に焼き色を付けるための「焼き」。ホイルで包んでからの1時間は、中まで火を入れるための「焼き」。その間、オーブンから出すタイミングで15〜20分休ませる。そうすると、肉のふち1cmほどに焼き色がついて中心はレア気味の、理想的な火の入り加減になる。

温かい場所で休ませる

8
オーブンから取り出し、ホイルに包んだまま温かい場所で30分ほど休ませる。

Check
肉を休ませる際の置き場所も重要。同店のローストビーフは厚くカットするので、冷たい状態ではおいしく食べられない。そうかといって、温度の高い場所に置くと余分な火が入ってしまう。ちょうどよい温かさを維持できる場所を探した結果、同店ではガス台の上が最適という結論に至った。

9

肉温計をさして中心温度が55〜60℃になり、指で押して弾力があれば完成。

Check
仕上がりは芯温と指で軽く押した時の弾力で判断。弾力は言葉で説明できないが、火が入っていないとブヨブヨして張りがない。

仕上げ

10

ローストビーフの端を切り落とし、厚さ2cmほどにスライスし、適当な幅に切り分ける。端はミートソースなどに活用する。マッシュポテトを盛った器に盛り付け、温め直したローストビーフソースをかけ、すりおろした本わさびを添える。

SAUCE RECIPE

ローストビーフソース

材料
玉ねぎ …… 適量
ニンニク …… 適量
生姜 …… 適量
りんご …… 適量
醤油 …… 適量
赤ワイン …… 適量
フォンドボー …… 適量

a

1. 玉ねぎ、ニンニク、生姜、りんごを適当な大きさに切り、フードプロセッサーにかけてピュレ状にする。
2. 鍋に1と醤油、赤ワイン、フォンドボーを入れ、弱火で1時間半ほど煮る。
3. 2を漉して冷蔵庫で1日おき、翌日温め直して使用する（a）。

7 ローストビーフの店 ワタナベ

『黒毛和牛のローストビーフ』

「鉄板の温度を変えながら
目の前で芯温50℃に焼き上げて、
熱々で食べるおいしさを伝えます」

渡辺さんはホテル勤務時に、できたてのローストビーフの味を知った。「お客様は冷めた状態のものを食べるケースが多いが、できたてのおいしさを伝えたい」と考えた渡辺さんは、ローストビーフの店を開業。提供ごとに少量を焼く器具として卓上のIH調理器にのせる鉄板を発案した。300g以上の塊肉の表面を高温で焼き固め、フタをして低温〜保温に落とす。ホイルに包んで休ませるのと同じく、余熱を利用して中まで火を入れるのだ。芯温50℃に達したら表面を温め直して提供。独自の方法で肉汁を集めたソースが絡み、新しい体験を与えてくれる。
「ステーキは冷めたら味が落ちますが、ローストビーフはおいしい時間が持続する」と渡辺さん。前菜を食べながらでき上がっていく肉を待つひと時も楽しい。

オーナーシェフ
渡辺勇樹
YUUKI WATANABE

1979年京都市生まれ。京都の洋風居酒屋、大阪のホテルなどで修業を積む。京都のビストロ「パリの食堂（現在は閉店）」に3年勤務し、フランス料理の道へ。2013年7月、ローストビーフをメインにしたコースのみの店を独立オープン。

ROAST BEEF INFO

価格：5000円（税別）のコース料理のメインとして提供
牛肉：黒毛和牛ランプ、またはイチボ
加熱方法：鉄板
ソース：グレイビーソース

卓上で焼きたてをサーブ

黒毛和牛のローストビーフ

材料
ローストビーフ（2皿分）
黒毛和牛ランプ、またはイチボ …… 300g
焼き塩・黒胡椒 …… 各適量
ローズマリー・タイム …… 各2枝

仕上げ（1皿分）
ローストビーフ …… 上記半量
じゃがいも …… 小2個
ニンニク …… 1片
グレイビーソース（P61）…… 適量
ホースラディッシュ・マスタード …… 各適量

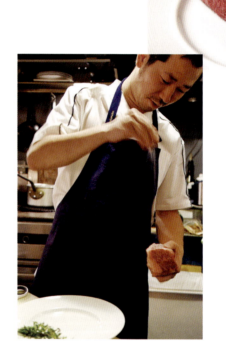

塩、胡椒をふる

1
牛肉は黒毛和牛のランプ、またはイチボを使う。常温に戻し、焼き塩、黒胡椒をふる。

Check
部位は、かむたびに味が出ると感じる赤身を選択。サシが多いA3クラスの黒毛和牛でも、モモのため脂っこくならない。

強火の鉄板で 焼き色を付ける

2
客席のテーブル脇に設置したIH調理器に鉄板をセットし、目の前でローストビーフを焼き上げていく。まず、IHを強火にして温めておいた鉄板に肉をのせて、表面を脂側から焼く。付け合わせのじゃがいもとニンニクはあらかじめ焼き始めておき、ローズマリーとタイムをのせて肉とともにさらに加熱していく。

Check
脂の少ない部位の場合は牛脂を一緒に焼く。鉄板調理なら少人数用でも焼けることと、焼きたてを提供できることが特徴。ステーキに比べて、塊で焼くローストビーフはおいしく食べられる時間が長いため、あえてローストビーフを選択した。

3
肉の向きを変えながら、表面全体をまんべんなく焼く。

弱火に切り替えてさらに加熱

4
焼き色が付けば肉の中心に芯温計をさし、加熱していたローズマリー、タイムをのせる。

5
IHを弱火に切り替え、フタをかぶせてさらに加熱する。

保温しながら休ませる

6
芯温が35℃になればIHを保温に切り替えて、25〜30分おく。

Check
ホイルで包んで休ませるのと同じ原理。保温しながら余熱で火を通し、肉汁も落ち着かせられる。

7
芯温が50℃になればフタをはずす（写真右）。

Check
この後、表面を加熱する過程でさらに温度が上がる。このタイミングでの芯温50℃は、提供時に最もおいしくなると考える温度。

鉄板を強火に戻して温める

8
IHを強火に替えて表面をまんべんなく温める。

Check
火が通りすぎないよう手早く行う。

7 ローストビーフの店 ワタナベ

カットする

9

目の前で厚めに切り分けながら、じゃがいもとニンニクをのせた器に盛り付ける。温め直したグレイビーソース、おろしたホースラディッシュ、マスタードを添える。

SAUCE RECIPE

グレイビーソース

材料
ミルポワ（刻んだ人参・セロリ・玉ねぎ）
　……1つかみ
白ワイン……ひと回し
フォンドボー……適量
塩……適量

作り方
1　肉を焼いた後の鉄板にミルポワをのせて炒め（a）、白ワインを注ぐ（b）。
2　鉄板をへらでこそげながら、汁を鉄板に付いた穴に落としてゆく（c,d）。穴の下にはポットが設置してある（e）。
3　溜まった汁1に対してフォンドボーを3の割合で足して加熱する。提供時に塩で調整する（f）。

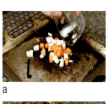
a

d

b

e

c

f

8 BRASSERIE AUXAMIS
marunouchi
ブラッスリーオザミ　丸の内店

『ローストビーフ』

> 「香味野菜でモモ肉の味わいを深め、
> 湯煎調理でやわらかく火を入れて、
> 女性が食べやすい一皿に」

ローストビーフは月に1度ランチタイムに提供。セットで1080円というコスパの高さもあって、13時前には売り切れる同店の人気メニューだ。女性客が多いことから、脂が少ないモモ肉を使い、口の中に風味が残りやすい黒胡椒は使わないなど、女性の食べやすさを意識している。

淡泊になりがちなモモ肉の旨味を引き出し補うために、加熱前に香味野菜でマリネすることがポイント。そのまま真空パックで湯煎にかけ、水分をしっとり含ませながらゆっくり低温加熱する。噛み応えを残しつつ、繊維質も筋っぽくならずやわらかく仕上がるのが、湯煎調理のメリットだと渕上シェフは考える。マスタードソース、きのこのクリームソースなど、季節ごとのソースで味わいの変化をつける。

料理長
渕上達也
TATSUYA FUCHIGAMI

「オーバカナル」、都内のフレンチレストランを経た後、2006年オザミワールド㈱に入社。「パリのワイン食堂」と「ブラッスリーオザミ ソラマチ店」のシェフを務めた後、2015年9月より現在の「丸の内店」のシェフに就任。

ROAST BEEF INFO

価格：平日限定の「日替わりランチ」の主菜として不定期で提供。前菜、主菜、パンで1080円（税込）
牛肉：オーストラリア産牛モモ
加熱方法：真空包装＋湯煎→フライパンで加熱
　　　　　→オーブン
ソース：マスタードソース

ローストビーフ

材料
ローストビーフ（5皿分）
オーストラリア産牛モモ …… 600g
A
 ┌ 焼き塩 …… 8.7g
 │ 粗挽き黒胡椒 …… 0.6g
 └ 砂糖 …… 5.7g
玉ねぎ …… 50g（1/4個）
人参 …… 30g（1/4本）
セロリ …… 5g
ニンニク …… 10g（3片）
塩（野菜用）…… 5g
サラダ油 …… 大さじ3

仕上げ（1皿分）
ローストビーフ …… 110g
じゃがいものグラタン …… 適量
いんげん（茹でる）…… 適量
マスタードソース（P67）…… 適量
岩塩 …… 少々

成形し、マリネする

1
牛モモ肉は成形し、合わせたAを全体にふり、手でムラなくまぶし付け、糸で巻く。実際の仕込み量は8kg。火入れが均等になるように、2kgずつ4本のブロックを同じ大きさの筒状に成形する。肉から水分が出るので、塩をしたらそのままおかない。

2
野菜はすべて薄切りにし、塩を加えて水分が出るまでもむ。

Check
野菜の旨味の出たこの水分が牛肉の下味となり、淡泊なモモ肉の旨味と甘みを引き出しつつ、相乗効果で味わいを深める。セロリの葉は風味が強いので使わない。

3

専用のパックに1の牛肉と2の野菜を水分ごと入れ、真空包装する。冷蔵庫で2日間ねかせる。写真右はねかせたもの。

Check
2日間で牛肉にほどよく塩味と野菜の旨味が浸透する。ラップの場合は、密封されないため4日間ほどかかる。

湯煎で低温加熱する

4

60℃の湯煎に15分ほどかける。鍋底には網を敷いて、均等に火を入れる。

Check
急速な加熱で肉が収縮してかたくならないように、水分とともに低温でゆっくり加熱する。中まで徐々に熱を入れ、やわらかくしっとり仕上げるには、600gの塊肉の場合、この温度と時間が最適。スチームコンベクションオーブンの場合は、真空包装のまま、コンビモード、温度70℃、湿度80%で25分、湯煎に近い状態を想定し蒸気とともに加熱する。

5

加熱後の芯温の目安は40℃。牛肉の中心に金串をさし、唇の下にあてるとほんのり温かい程度、指で押すとはね返す弾力がある。ここまでで8割ほど火入れするイメージ。

フライパンで焼き色をつける

6

牛肉を取り出し、野菜を取り除いてまわりの水気をふく。フライパンに強火でサラダ油を熱し、転がしながら全面に焼き色を付ける。

Check
余計な風味を付けないようにサラダ油を使う。水分が出ないように強火で手早く焼き、香ばしくおいしそうな焼き色を付ける。

オーブンで火入れを調整し、休ませる

7

フライパンのままオーブンに入れ、200℃で4〜5分加熱する。

Check
最終的な火入れの微調整として、オーブンでごく短時間加熱する。その時の肉質や火の入り方によって、焼き色を付けるだけの場合もあれば、中まで火を通す場合もある。

8

加熱後は、中はロゼ色、肉の中心に串をさすとすっと入るようになる。芯温の目安は50〜55℃（金串を唇の下にあてると作り方5より多少熱い程度）。ガス台まわりなど冷めない程度の温かい場所で約30分おいて、肉汁を落ち着かせる。

仕上げ

9

1人分110g、3枚ずつを目安にスライスし、サラマンダーで温める。皿に盛り、じゃがいものグラタン、いんげんを添え、温めたマスタードソースをかけ、ローストビーフに岩塩をふる。

SAUCE RECIPE

マスタードソース

材料
ジュ・ド・ヴィアンド（※）…… 適量
ディジョンマスタード …… 適量
ブールマニエ …… 適量
塩・胡椒 …… 各適量

※ジュ・ド・ヴィアンド
　牛肉の端肉や筋、脂でとったスープ。

1　1/3量まで煮詰めたジュ・ド・ヴィアンドを温め、マスタードを加えて混ぜる（a）。
2　塩・胡椒で味を調え、ブールマニエでとろみをつける（b,c）。

a

b

c

9 洋食 Revo
ようしょく レヴォ

『赤身ローストビーフ』

「ローストビーフは肉の魅力が直に伝わる料理。そのため極上の部位を使います」

　2008年頃にオーナーが、現在利用する黒毛和牛の買い付けルートを開拓したことで牛肉にこだわるようになった同店。ローストビーフは「肉のおいしさを直に伝えることができる料理」と位置づけ、単品だけでなくセットやコースにも盛り込む。「赤身にも美しくサシが入る」という考えから、使うのはA5ランクの黒毛和牛のみ。一般的にローストビーフにしない部位を「ストレートに味わってほしい」という考えから、ヒウチ、ヘレといったステーキ用の部位を中心に、バリエーションとして脂の少ない赤身のローストビーフも用意し、2種〜最大5種の部位を用意している。

　調理法は、アルミホイルで包んでフライパンで加熱したりオーブンで焼くなどいろいろ試した結果、効率化の良い現在の方法に。真空包装して水からボイルし、沸騰したら火を止めて湯に浸けておくことでゆっくり火を入れる。また、上質な肉を使うため和風のソースや塩、醤油で味わうのも特徴だ。

ROAST BEEF INFO

価格：1700円（税込）
　　※ほか、さしの入る部位を、味付けによって2000円、
　　2200円（ともに税込）で提供。
牛肉：黒毛和牛 A5　※写真の部位はカメノコ
加熱方法：フライパンで加熱→真空包装＋湯煎
ソース：醤油とすりおろし野菜のソース

店長
太田哲也
TETSUYA OHTA

1988年大阪市生まれ、「洋食Revo」2代目。19歳から本店で修業をはじめ、厨房やホール、肉の捌きといった経験を積む。2013年4月のグランフロント店オープンにともない、店長に就任。

黒毛和牛A5の様々な部位を使用

赤身ローストビーフ

材料
ローストビーフ
黒毛和牛 A5 ランク カメノコ …… 600g
黒毛和牛 A5 ランク イチボ …… 800g
牛脂 …… 適量
塩 …… 適量

仕上げ（1 皿分）
ローストビーフ …… 100g
粗挽き胡椒 …… 適量
トマト …… 1 房
ベビーリーフ …… 適量
醤油とすりおろし野菜のソース …… 適量

成形する

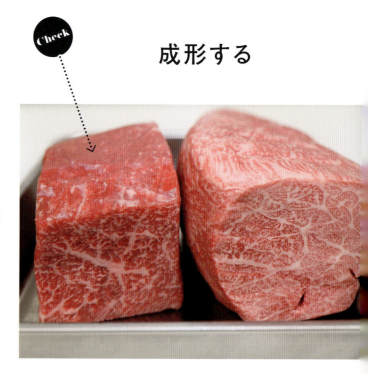

1
A5 の黒毛和牛を使用。写真はカメノコ（左）とイチボ（右）。余分な脂肪やスジを切り落として成形する。

Check
「赤身肉でもきれいにサシが入り、やわらかく美味しい」という理由から A5 ランクの黒毛和牛にこだわる。今回のカメノコ（モモ肉）、イチボ（尻）など、部位はローストビーフ全メニューで常時 2〜5 種用意。各部位のなかでもかたい部分をローストビーフに利用して全てを余すこと無く使う。

フライパンで焼く

2
牛脂をのせたフライパンを中火で熱し、牛脂が溶けてきたら掃除をした 1 の肉を焼く。

3

まんべんなく六面を焼き固め、肉汁を逃さないようにする。焼き色が付いて焦げる手前までしっかり焼く。

Check
表面を焼き固めて肉汁を閉じ込めるのが目的。肉塊が焼きにくい形で焼けてない部分があれば、ガスバーナーを使って隅々まで焼く。

常温で休ませて粗熱をとる

4

フライパンから肉を取り出し、肉にまんべんなく塩をふり、粗熱がとれるまで肉を常温で休ませる。

Check
ここでの塩は、肉の甘さを引き出す役目。味はソースで決める。

真空包装する

5

肉をかたまりごとフィルムに入れて真空包装機にかけ、真空にする。

水から湯煎にかけて加熱

6

寸胴鍋に水をたっぷり張り、5の肉を入れてから強火にかける。沸騰したら火を止め、そのまま湯に浸けておく。カメノコはモモの部位の赤身で600gのため10〜11分、イチボは尻の部位で800gのため18分ほどおく。

Check
水から沸かし、次第に温度を上げていくことでじんわり加熱するのがポイント。肉塊の部位や重量、厚みから加熱時間を算出する。加熱終了の見極めは弾力で判断する。触って跳ね返りがない時は、中心はまだ生のため、1〜2分余分に湯煎に浸けておく。

氷水に浸けて冷ます

7

時間が経ったら湯から取り出して常温におき、余熱で火を通す。触って常温になったら氷水に浸けて芯まで冷ます。

Check
湯煎からいきなり氷水に落とすと中心が赤く血が滴ってしまう。常温にしばらくおいて余熱を利用することでロゼ色に仕上がる。

新たに真空包装し、ひと晩冷蔵する

8

フィルムを開けて肉を取り出し、新しいフィルムに真空包装し直す。

Check
写真左上のように6の工程で出るドリップの水分があると、この後冷蔵しても肉が引き締まらないため、新たに真空包装し直している。

9 洋食 Revo

9

8をひと晩冷蔵する。

Check
ひと晩ねかせることで脂が固まり、味が落ち着く。

仕上げ

10

厚さ1～2mmにスライスし、ひと皿100gを盛り付ける。ミニトマトとベビーリーフを添え、粗挽き胡椒をかける。醤油とすりおろし野菜のソースを添える。

ローストビーフのアレンジメニュー

和ローストビーフ
2200円（税込）※写真の部位はヒウチ

ローストビーフメニューは「和ローストビーフ」2200円（以下全て税込）、「上ローストビーフ」2000円、「塩ローストビーフ」2000円、「赤身ローストビーフ」1700円の全4種。このうち前者3種はソースの違いで肉はロースのカブリやヒウチなどサシが入る部位を使用。「赤身〜」はカメノコ、マルシン、マクラなど赤身を使う。要望があれば複数の部位を盛り合わせる「ハーフ＆ハーフ」にも対応。いずれも製法は同じ手順だ。

ソース

手前左は、「赤身ローストビーフ」と「上ローストビーフ」に添える、醤油とすりおろした野菜をベースにするローストビーフソース。手前右は、「塩ローストビーフ」に添える、4種類の塩をブレンドしたもの。奥は「和ローストビーフ」用の本わさびと醤油。静岡県産本わさびをオーダーごとにすりおろし、甘めの醤油と共に提供する。

10 キュル・ド・サック

『豪産ランプ肉のローストビーフ　グレイビーソース』

「肉になるべくストレスを与えず、全体を均一なロゼ色に焼き上げます」

プリフィクススタイルのランチで人気を集めるメインディッシュ。たっぷり味わってもらうため、味と価格のバランスがよいオーストラリア牛のランイチを選択。赤身ならではの深い旨味としっとりジューシーなおいしさを楽しませる。

ジューシーさを出す秘訣は、肉にストレスを与えないで調理すること。タコ糸でキツく縛らず、表面を焼き付ける際も焼きすぎず、「肉に焼かれていることに気づかれない」程度の焼き加減に。オーブンで焼く間も1回裏返すのみで、後はいじらない。そうして肉の表面を傷つけないよう丁寧に扱い、肉汁の流出を防ぐ。焼成後に余熱で火を通せば、断面は一面きれいなロゼ色に。ジュ・ド・ヴィアンドをベースにしたコクのあるグレイビーソースで食べる。

オーナーシェフ
小濱純一
JUNICHI OBAMA

「クイーンアリス」を経て「ランス・ヤナギダテ」系列のレストランに約6年半在籍し、料理長を歴任。2010年2月「キュル・ド・サック」のオープンに伴い、店長兼料理長に就任。2015年、経営権を引き継ぎでオーナーシェフに。

ROAST BEEF INFO

価格：ランチタイムのみ提供。前菜、デザート、パン、ドリンク付き1000円（税込）
牛肉：オーストラリア産牛ランプ、またはイチボ
加熱方法：フライパンで加熱→オーブン
ソース：グレイビーソース

赤身ならではの旨味をたっぷりと！

豪産ランプ肉のローストビーフ グレイビーソース

材料
ローストビーフ
オーストラリア産牛ランプ、またはイチボ …… 約5.5kg
マリネ材料
- 塩（伯方の焼塩）…… 適量
- 皮付きニンニク（スライス）…… 4片分
- 玉ねぎ（スライス）…… 1/2個分
- 人参（スライス）…… 1/4本分
- セロリ（小口切り）…… 1本分
- タイム …… 1枝
- ローズマリー …… 2枝
- パセリの茎 …… 3枝
- イタリアンパセリの茎 …… 3枝
- ローリエ …… 3枚
- ミニョネット …… ひとつまみ
- EXV.オリーブオイル …… 適量

牛スジ肉（ジュ・ド・ヴィアンド用）…… 500g
サラダ油 …… 適量

仕上げ（1皿分）
ローストビーフ …… 約130g
グレイビーソース（P79）…… 60ml
ミニョネット …… ひとつまみ
粒マスタード …… 適量
マッシュポテト …… 適量

成形し、マリネする

1

牛肉はランプまたはイチボを使用。掃除をして成形し、タコ糸で縛る。塩を全体にすり込み、香味野菜とちぎったハーブをのせ、オリーブオイルとミニョネットをふって冷蔵庫で一晩マリネする。

Check
タコ糸をあまりに強く締めすぎると、焼いている間に糸が縮んで肉に食い込み、表面に傷がついて肉汁を逃すことになる。タコ糸は形を整える程度に加減して縛るようにする。

フライパンで表面を焼き固める

2

フライパンにサラダ油を入れて熱し、中火で肉の向きを変えながら表面全体を焼く。

Check
肉汁の流出を防ぐために、適度に焼いて肉の表面を焼き固める。焼きすぎると肉がかたくなってしまうので注意。

3

2の肉をいったん取り出し、同じフライパンにマリネで使った香味野菜とハーブを敷き、牛スジ、表面を焼いた2を順にのせる。

オーブンでじっくり焼く

4

140℃のガスオーブンに入れて、途中で1回だけ肉を裏返し、計1時間半かけて焼く。時間が経ったら、指で触って、火が通った際の弾力があるかを確認して見極める。

Check
肉になるべくストレスをかけないよう、裏返すのは1回のみにする。ミートフォークはさした場所から肉汁が逃げてしまうので使用しない。アロゼ（焼いている間に出た汁や脂を肉にかける）も、過剰に火が入ってしまうという考えから、一切行わない。

温かい場所で休ませる

5

網を敷いたバットに4をのせてバターの包装紙をかぶせ、ガス台の上など温かい場所で1時間ほど休ませる。フライパンに残った焼き汁は漉して、ジュ・ド・ヴィアンドとしてストックする。

Check
ホイルのかわりにバターの包装紙を活用。エコに役立つだけでなく、バターがついているため肉にほんのり風味もついて一石二鳥。

仕上げ

6

5を1cmほどの厚さにスライス。切れ端は煮込み料理などに利用する。器に盛ってマッシュポテトを添え、温めたグレイビーソースをかけ、ミニョネットをふり、粒マスタードをのせる。

SAUCE RECIPE

グレイビーソース

材料(仕込み量)
ジュ・ド・ヴィアンド(P78作り方5で漉した焼き汁)
……700ml
前日のグレイビーソース……300ml
牛スジ肉……230g
ニンニク(皮付き/小口切り)……2片分
長ねぎ(青い部分/小口切り)……5cm分
エシャロット(へたの部分)……2スライス
ローズマリー……2枝
タイム……2枝
塩(伯方の焼塩)……ひとつまみ
ミニョネット……ひとつまみ
無塩バター……10g
サラダ油……適量
水溶きコーンスターチ……適量

作り方
1 ジュ・ド・ヴィアンドと前日仕込んだグレイビーソースを鍋に入れ(a)、火にかけて温める。

Check
前日のグレイビーソースを3割ほど加えることで、より味わいが深まる。

2 フライパンにサラダ油を入れて熱し、牛スジを入れ、塩とミニョネットをふって両面を焼く(b)。炒めるのではなく焼くことで、香ばしさをだしに移す。
3 2にニンニクとエシャロット、長ねぎの青い部分を入れ、タイムとローズマリーも入れて、フライパンの手前にバターをのせる(c,d)。
4 フライパンを手前に傾け、バターを焦がさないように気をつけながら、ニンニクやエシャロット、ハーブの香りをバターに移す(e)。

Check
ブール・ノワゼットの要領で焦げる手前まで加熱しながら、香味野菜やハーブの香りをバターに移していく。

5 溶かしたバターを全体にからめ(f)、1の鍋に入れて合わせる。これをすぐフライパンに戻し入れ(g)、再び鍋に移し、水で溶いたコーンスターチを加えて5分ほど煮る(h)。
6 5にとろみがついたら火を止めて漉す。材料をへらでぎゅっと押してエキス分を余すことなく絞り出す(i)。(j)は完成したソース。

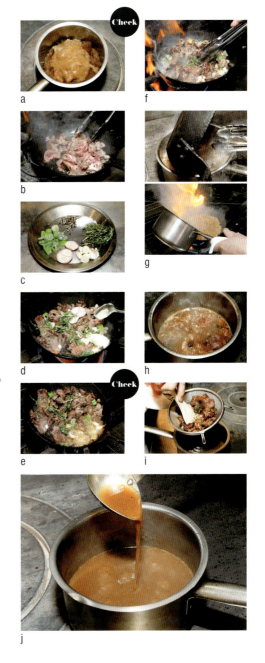

11 Bar CIELO
チェロ

『燻製醤油とペドロヒメネスシェリーソースの
ローストビーフ』

「ほんのり香る燻製醤油のソースが、
やわらかい肉質の
味わいをより深めます」

世界一周をして各国の料理を味わったオーナー稗田氏がローストビーフに選んだ肉はオーストラリア牛のランプ肉。ランイチを仕入れて、店で切り分ける。イチボの部分はステーキにするが、一部、イチボでもローストビーフにすることもある。肉質が柔らかく脂が少なくあっさりとした味。

一皿に9～10枚で、「780円で、こんなに多いの！」と驚かれることが多いという。さらに多くのお客様の笑顔が見たい楽しんでもらえたら…とハッピーアワー(18時～20時)ではローストビーフをなんと100円で提供。自家製の燻製醤油ベースのポン酢風のソースは、さっぱりとしていてシンプルな味なので、いろいろ料理にもお酒にも合う。

店主
稗田 浩之
HIROYUKI HIEDA

東京・下北沢と銀座で修業を積み、2004年に三宿に「BARチェロ」を開業。2009年に三軒茶屋に移転し2階でバル、3階でバーを経営。コスタリカ、ニカラグア、メキシコなど毎年恒例の海外研修では1ヶ月かけ海外を巡る。

ROAST BEEF INFO

価格：780円（税込）
牛肉：オーストラリア産牛ランプ
加熱方法：フライパンで加熱→オーブン
ソース：燻製醤油とペドロヒメネスシェリーソース

いろいろなお酒と好相性！

燻製醤油とペドロヒメネスシェリーソースの
ローストビーフ

材料
ローストビーフ
牛ランプ …… 400 g〜500 g
塩 …… 適量
黒胡椒 …… 適量
サラダ油 …… 適量

仕上げ（1皿分）
ローストビーフ …… 90 g
ホースラディッシュ …… 適量
燻製醤油とペドロヒメネスシェリーソース
　　　…… 適量
パセリ …… 適量

成形する

1
ランプ肉の5kgほどの塊で仕入れる。イチボの部位もついているので、脂の部分を切り取りながら、イチボの部分を切り取る。イチボでもローストビーフを作るが、一部はステーキにする。

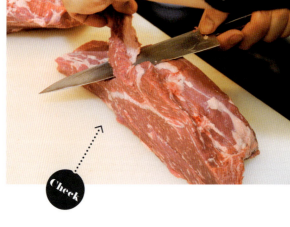

2
掃除をしたら、1本400〜500gに3本に切り分ける。切り分けたら、かたいスジの部分を切り取る。スジの部分やかたい部分はは赤ワイン煮込みに利用する。

Check
切り分けたら、肉を20分〜30分おいて常温に戻す。

3
肉を芯まで常温に戻してから、塩、胡椒をする。シンプルな味付けなので、塩は強めに、黒胡椒もたっぷり目に全体にふる。

焼く

4

フライパンにサラダ油を熱して、強火で一気に表面に焼き色を付ける。全ての面を強火のまま、しっかり短時間で焼く。

オーブンへ

5

150℃のオーブンに20分入れる。途中、10分ほど経ったところで、肉をひっくり返したり向きを変えたりする。

Check
オーブンの温度は低めの設定。じっくりと火入れをするイメージで焼く。

休ませる

6

さわって肉の弾力をみて焼き上がりを判断する。オーブンから出したらアルミホイルに包んで、温かいところに30分〜40分おく。

7

1mm厚ほどの薄切りにする。器に9〜10枚並べて、燻製醤油とペドロヒメネスシェリーソースをかける。ホースラディッシュを添え、パセリをふる。

SAUCE RECIPE

燻製醤油とペドロヒメネスシェリーソース

材料 (1皿分)
燻製醤油 …… 20ml
みりん …… 5ml
甘口シェリー酒 …… 5ml
レモン汁 …… 5ml
米酢 …… 5ml
大根おろし …… 適量
スモークチップ …… 適量

作り方
1 燻製醤油を作る。醤油は燻製器で20分燻製する。中華鍋にスモークチップを入れ、火にかける。燻煙が出てきたら、容器に入れた醤油を入れ、フタをして薫香を醤油にまとわせる。冷まして使う。
2 みりんとシェリー酒を鍋に入れてアルコールを飛ばす。
3 燻製醤油と2のシェリー酒、レモン果汁、米酢を混ぜ合わせる。
4 よく絞った大根おろしと合わせる。

FRENCH BAR RESTAURANT
ANTIQUE
フレンチバール・レストラン アンティーク

『和牛ローストビーフのキューブ
　根セロリのクリームと玉ネギのグリッシーニ』

「エイジング＆低温調理の後
藁焼きで香りを付けて
フレンチの一皿に仕上げます」

　まず15℃のワインセラーで1日ねかせて、肉の旨味を凝縮させる。その後ハーブ類と真空パックしてまた1日冷蔵。58℃のウォーターバスによる低温調理で中までロゼに火を通せば、下ごしらえは終了だ。ここで個性を付与するため、大町さんは表面を藁焼きにする。一斗缶を改良した自家製の藁焼き器に、農家からもらった藁を詰めて着火。盛大に煙が上がったところへ肉をのせる。直火による香ばしい焼き目に藁の香りが加わり、野趣あふれるローストビーフの完成だ。
　低温調理ならではのやわらかさを生かし、歯ごたえを味わえる厚めの角切りにして、根セロリのクリームとコンソメジュレの舌触りをプラス。アラカルトのボリュームでも最後まで食べ飽きない、フレンチ風のバールメニューに仕上げた。

ROAST BEEF INFO

価格：2000円（税別）
牛肉：和牛ラムシン
加熱法：ウォーターバス→藁焼き
ソース：根セロリのクリーム、コンソメのジュレ

シェフ
大町誠
MAKOTO OOMACHI

1980年兵庫県明石市生まれ。明石市の「アンシャンテ」、神戸の「ギュール」等で勤務した後、2006年に独立し約3年営業。2011年「アンティーク」立ち上げからシェフ就任。フレンチを深夜まで気軽に楽しめる店として同業者にも人気。

角切りの歯ごたえも個性的

和牛ローストビーフのキューブ
根セロリのクリームと玉ネギのグリッシーニ

材料

ローストビーフ（約6皿分）
和牛ラムシン …… 300g
30%トレハ塩（塩1kgに対して30%のトレハロース）
　…… 適量
ローリエ …… 1枚
クローブ …… 2〜3粒
タイム …… 2枝
塩・黒胡椒 …… 各適量

仕上げ（1皿分）
ローストビーフ …… 約50g
根セロリのクリーム（P89）…… 大さじ3〜4
コンソメのジュレ（P89）…… 大さじ3
フォアグラのテリーヌ※ …… 約10g
玉ネギのグリッシーニ※ …… 3本
リーフ …… 適量

※フォアグラのテリーヌ
- 材料（仕込み量）
  鴨のフォアグラ …… 1個
  以下、フォアグラ1kgに対して
  塩 …… 13.5g
  砂糖 …… 1g
  白胡椒 …… 2g
  コニャック・ホワイトポルト …… 各30ml

作り方
1　フォアグラを掃除して、材料すべてを真空包装にする。
2　55℃のウォーターバスに15〜20分入れる。
3　パックから取り出し、軽く脂をきって成形する。

※玉ネギのグリッシーニ
- 材料（仕込み量）
  玉ねぎ …… 200g
  薄力粉 …… 300g
  ベーキングパウダー …… 小さじ2
  ディルシード …… 1つまみ
  粗挽き黒胡椒・塩 …… 各少々

作り方
1　玉ねぎをロボクープで撹拌する。液状になれば薄力粉、ベーキングパウダーを加えてロボクープで撹拌する。
2　ディルシード、塩、胡椒を混ぜてこね、ひとまとめになれば1日ねかせる。
3　のばしてカットし、175℃のオーブンで約20分焼く。

マリネする

1

和牛ラムシンにトレハ塩をすりつけて網にのせ、15℃のワインセラーに24時間入れる。

Check
塩分で脱水、糖分で保湿を両立させながら、旨味を凝縮させる。砂糖よりも甘みが少ないため、糖分にはトレハロースを使用。※充分な管理が必須

2

肉を拭き、ハーブ類と一緒に真空包装する。冷蔵庫に24時間入れる。

Check
ハーブの香りをゆっくりと移しつつ肉の熟成も進める。

ウォーターバスで加熱する

3

常温に戻し、58℃のウォーターバスに約1時間入れる。写真右下は、加熱後パックから出した状態。

Check

この後さらに加熱するため、一旦芯温50℃を目指す。50分ほどで様子を見て、足りなければ延長する。

狙った温度で均一に火を入れるため、ウォーターバスを使用。コンパクトなので厨房のスペースを圧迫せず、少量のオーダーに応えられるのも利点。

藁焼きにする

4

肉を網にのせ、表面をまんべんなく藁焼きにする。

Check

低温調理では素材のテクスチャーが単調になりがちなため、途中で食べ飽きてしまう。そこで藁の香りを付けて、インパクトと個性を付与。アラカルトのボリュームでも最後まで楽しめるアイデアだ。使用する道具は、一斗缶の底に穴をあけた、自作の藁焼き用缶。最初は煙だけが出るので燻すように肉をあてて（写真上）、炎が上がってきたらまんべんなく焼いてゆく（右）。

常温で休ませる

5

肉の表面にまんべんなく焼き色がついたら、ホイルに包んで10分ほど常温で休ませる。その後、提供まで時間がある場合は、ガス台付近の温かい場所においておく（時間があく場合は一旦冷蔵し、温かい場所で戻す）。

Check
芯温50℃から、藁焼き、保温の過程で芯温は58℃ぐらいにまで上がる。肉300gの場合、肉汁が落ち着き、加熱が止まるまで10分ほどかかる。58℃は、ミディアムに焼き上げる場合の芯温。最終的にキューブ状にカットするため、レアよりもしっかりと噛みごたえのある状態を目指した。

カットする

6

ローストビーフを1.5cm角にカットする。

仕上げ

7
6に塩、胡椒をふる。

8
器に根セロリのクリームを流し、泡立て器で撹拌したコンソメのジュレをのせる。

9
1.5cm角にカットしたフォアグラのテリーヌ、6のローストビーフをのせる。リーフを散らし、グリッシーニを添える。

SAUCE RECIPE

根セロリのクリーム

材料（仕込み量）
根セロリ（スライス）……1個分
バター……適量
鶏ブイヨン……700ml
生クリーム……600ml
塩……適量
牛乳……適量

作り方
1. 根セロリをバターで炒め、半透明になったらブイヨンと生クリームを加えて、やわらかくなるまで煮る。
2. ミキサーにかけてパッセする。
3. 提供時に2を30gに対して牛乳15mlでのばす（a,b）。塩で味を調える。

a　　　　　　b

SAUCE RECIPE

コンソメのジュレ

材料
牛スジと仔牛の骨・鶏ガラ・ミルポワ・ブーケガルニ、エストラゴンなどハーブ類・ブランデー・塩……各適量

作り方
1. 材料を煮出し、漉して塩で味を調え、冷蔵庫で冷やす。提供時に泡立て器で撹拌する（a）。

a

13 那須高原の食卓 なすの屋

『なすの屋　特製ローストビーフ』

「旨味の秀でた那須和牛を3種類のタレで」

　栃木県の那須高原の特産品を使ったレストランとして、2016年2月にオープン。那須和牛は、黒毛和種で高級牛として評価が高い。きめが細かく、風味豊かで、旨味の秀でた味わいが特徴。その特徴がわかりやすい、ローストビーフにして提供している。

　内モモ肉の部位を使い、表面に焼き色を付けてから、真空包装して65℃〜68℃の湯に50分入れて加熱する。噛み切りやすいよう、肉の繊維を断ち切る方向でカットし、3種類のタレとともに提供する。

　タレは、ポン酢、ゴマとクルミのタレ、特製醤油ダレ。特製醤油ダレは、牛内モモ肉を成形するときに出るスジの部分を焼いて、醤油、みりん、酒、砂糖と炊いて煮詰めたもの。山椒の粉を振って香りのアクセントを添えて提供している。やわらかく食べやすい肉質を生かし、だしで炊いたご飯の上にローストビーフをのせた「にぎり」（5貫）もメニューとして出している。

代表取締役
石川寛倫
HIRONORI ISHIKAWA

栃木県矢板市出身。飲食店コンサルタント業に携わった後、2016年2月、東京・銀座に「那須高原の食卓　なすの屋」をオープン。

ROAST BEEF INFO

価格：1800円（120g）（税別）
牛肉：那須和牛内モモ肉
加熱方法：フライパンで加熱→真空包装＋湯煎
ソース：醤油ダレ、ゴマとクルミのタレ、ポン酢

キメの細かい肉質を活かして、にぎりにも

なすの屋　特製ローストビーフ

材料
ローストビーフ
那須和牛内モモ …… 600〜1000ｇ
塩 …… 適量
胡椒 …… 適量
サラダ油 …… 適量

仕上げ（1皿分）
ローストビーフ …… 120g
クレソン …… 適量
西洋ワサビ …… 適量
醤油ダレ …… 適量
ゴマとクルミのタレ …… 適量
ポン酢 …… 適量

マリネする

1

内モモ肉は1ブロック600ｇ〜1000ｇの間で調理する。スジと脂の部分を掃除した牛肉の表面に塩と胡椒を全体にまぶして、常温で1時間おく。除いたスジは醤油ダレを作るのに活用する。

表面を焼く

2

フライパンに油を引いて、マリネした牛肉の表面に焼き色を付ける。

湯煎する

3

真空包装して、65℃〜68℃に保った湯の中に50分入れる。

Check
肉から出てくる肉汁は、最初は濁っているが、それが透明になったら取り出すタイミング。

急冷する

4
湯煎から出したら、氷水に浸して冷やす。20～30分浸し、しっかり冷やす。

カットする

5
袋から出し、表面の水けをキッチンペーパーで取り除く。まず半分に切り、肉の繊維を断ち切る方向で、2～3mm厚にカットする。なお、真空包装して湯煎した袋に残る肉汁は他の利用しない。

Check
ランチの「那須和牛のローストビーフ重」でも、注文ごとにカットしている。

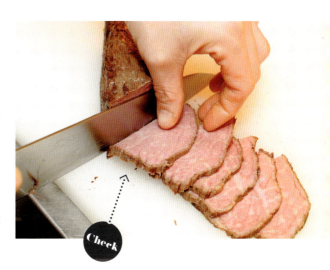

SAUCE
3種類のタレ

右から醤油ダレ、ゴマとクルミのタレ、ポン酢。醤油ダレは、牛内モモ肉を掃除するときに除くスジを焼き、それと醤油、みりん、砂糖、日本酒を合わせて炊く。とろみがつくまで炊いて醤油ダレにする。提供時に醤油ダレには山椒粉を少し振る。この醤油ダレは「ローストビーフのにぎり」（写真右）にも添えている。

ローストビーフのアレンジメニュー

那須和牛のローストビーフのにぎり
（5貫）1200円（税別）

やわらかくて食べやすい那須和牛の内モモ肉の肉質を活かして、にぎり寿司のスタイルでも提供する。ごはんは酢飯ではなく、だしで炊いたごはんを合わせ、那須和牛の味わいを噛みしめられるように仕上げた。単品のローストビーフにも添える、牛スジを炊いて作る醤油ダレを添えて提供する。

14 DON CAFE *36
ドンカフェ

『ローストビーフ　アジアンスタイル』

「ローストビーフと楽しむ、いろいろな食感と香りを一皿に」

　パクチーやナンプラーと盛り付けてアジアンな味に仕上げに。ソースには、西洋ワサビとレモンとサワークリームを合わせたものを。栄養価の高いキヌアやインカインチオイル、アーモンドなどのスーパーフードを取り入れたのも、女性を魅了するポイントに。様々な食感と、いろいろな香りの一皿にした。ローストビーフとキヌアは食感がよく合うので、キヌアを単独で食べるときのようにキヌアの存在が気にならず、ローストビーフが引き立つ。パクチーを合わせるが、ライムやサワークリームの酸味と組み合わせることで、青臭さは弱くなる。

　使用する牛肉は、交雑（F1）牛の内モモ肉。脂が多くなく、輸入牛肉よりも赤身自体の味も良いので気に入って使っている。フライパンで肉の表面を焼き、160℃のオーブンで火入れする。肉の周り2mmほどに焼き色がつき中はレアになっていて、肉の中心の温度が49℃〜50℃位になったら、アルミホイルで包んで余熱を入れる。

ROAST BEEF INFO
価格：850円（税込）
牛肉：国産牛内モモ（F1種）
加熱方法：フライパンで加熱→オーブン
ソース：西洋ワサビとレモンクリームソース

オーナーシェフ
大塚雄平
YUHEI OTSUKA

フランス「ビュルイーゼル」（当時3星レストラン）、ドイツ3星シェフ・エッカルトヴィッツヒマン氏プロデュースの「丸の内テラス」、千葉の「レストラン oreaji」を経て2013年「ワイン酒場estY」を千葉・幕張本郷にオープン。2015年に2号店「DONCAFE36」を幕張にオープン。

スーパーフード＋ローストビーフ

ローストビーフ　アジアンスタイル

材料
ローストビーフ
国産牛内モモ肉 …… 300g
塩 …… 適量
胡椒 …… 適量
サラダ油 …… 適量

仕上げ（1皿分）
ローストビーフ …… 60g
西洋ワサビとレモンクリームソース（P97）…… 適量
キヌア（塩茹でしたもの）※ …… 30g
ルッコラの花芽 …… 適量
ライム …… 1/4個
パクチー …… 4枝
バジル …… 3枚
アーモンド（ロースト）…… 5粒
ナンプラー …… 適量
ピンクペッパー …… 適量
インカインチオイル …… 適量

※ **キヌア**
キヌアは、キヌアの3倍の量の水で、塩を少々加えて茹でる。やわらかくなったら火を止める。

成形する

肉のスジ、脂の部分を切り取り、成形する。

フライパンで焼く

2

肉の表面にに塩、胡椒をふる。フライパンにサラダ油をひき、表面に焼き色をつける。強火でさっと焼いて火が入って肉の色が変わる部分は薄くする。

オーブンへ

表面を焼いた牛肉は網にのせ、160℃のオーブンに15〜20分入れる。

休ませる

4

肉の中心の温度が49℃〜50℃位になったらアルミホイルに包んで15分〜20分ほど、焼いた時間と同じ時間休ませる。

Check
アルミホイルは軽く包み、肉から出る蒸気を逃すようにする。

盛り付け

5

皿に塩ゆでしたキヌアを盛り付ける。ローストビーフを8切れカットして皿に盛り付ける。ローストビーフに、1切れずつナンプラーを2〜3滴かける。パクチーとバジルを散らす。ピンクペッパーを散らす。ライムを絞りかけ、インカインチオイルをキヌアにかける。西洋ワサビのレモンサワークリームを4〜5か所にのせる。粗めに刻んだアーモンドを散らし、ルッコラの花芽を添える。

Check
彩りの華やかさだけでなく、食感も様々なものをローストビーフと組み合わせた。

SAUCE RECIPE

西洋ワサビとレモンクリームソース

材料
西洋ワサビ …… 5g
レモン …… 1/2個
サワークリーム …… 100g
塩 …… 適量
胡椒 …… 適量

a

作り方
1 西洋ワサビをすりおろす。西洋ワサビは切りきざむと辛味がたたないのですりおろす。
2 ボウルに1の西洋ワサビを移し、レモンの絞り汁とサワークリームを加え混ぜ合わせる。(a)
3 塩、胡椒で味を調える。

14
DON CAFE ★36
ドンカフェ

『低温でローストしたローストビーフ丼』

「ガーリックライスで、
より食欲をそそらせる丼です」

　P94ページの「ローストビーフ　アジアンスタイル」で使うローストビーフを、ローストビーフ丼にアレンジした。肉の繊維自体がやわらかい牛内モモ肉の赤身の味わいを引き立てるために、ライスは白米ではなく、ガーリックライスにして特徴を出した。ガーリックライスは、バターの風味を強調し、コクと香りを楽しませるために発酵バターを選択。さらに、ニンニクと醤油の香ばしいフレーバーで仕上げ、糸唐辛子と胡麻を盛り付けて、さっぱりとした酸味と香りの西洋ワサビとレモンソースを添える。

　冷めてもおいしいので、食事としてだけでなく、ワインやビールのつまみにしなかせらも楽しめる丼。

オーナーシェフ
大塚雄平
YUHEI OTSUKA

ROAST BEEF INFO

価格：1300円（税込）
牛肉：牛内モモ肉（F1種）
加熱方法：フライパンで加熱→オーブンで加熱
ソース：西洋ワサビとレモンクリームソース

酒の肴にもなるローストビーフ丼！

低温でローストしたローストビーフ丼

材料

ローストビーフ
国産牛内モモ肉 …… 300g
塩 …… 適量
胡椒 …… 適量
サラダ油 …… 適量

仕上げ（1皿分）
ローストビーフ …… 80g
西洋ワサビとレモンクリームソース（P100下） …… 適量
ごはん（炊いたもの） …… 250g
ニンニク（みじん切り） …… 1/2片
醤油 …… 少々
日本酒 …… 少々
発酵バター …… 適量
塩 …… 適量
胡椒 …… 適量
青ねぎ（小口切り） …… 10g
白髪ねぎ …… 適量
白ごま …… 適量
糸唐辛子 …… 適量
ゴマ油 …… 適量

成形

1

肉のスジ、脂の部分を切り取り、成形する。

フライパンで焼く

2

肉の表面にに塩、胡椒をふる。フライパンにサラダ油をひき、表面に焼き色をつける。強火でさっと焼いて火が入って肉の色が変わる部分は薄くする。

オーブンへ

3

表面を焼いた牛肉は網にのせ、160℃のオーブンに15～20分入れる。

SAUCE RECIPE

西洋ワサビとレモンクリームソース

材料

西洋ワサビ …… 5g
レモン …… 1/2個
サワークリーム …… 100g
塩 …… 適量
胡椒 …… 適量

作り方

1 西洋ワサビをすりおろす。西洋ワサビは切りきざむと辛味がたたないのですりおろす。
2 ボウルに1の西洋ワサビを移し、レモンの絞り汁とサワークリームを加え混ぜ合わせる。
3 塩、胡椒で味を調える。

休ませる

4

肉の中心の温度が49℃〜50℃位になったらアルミホイルに包んで15分〜20分ほど、焼いた時間と同じ時間休ませる。アルミホイルは軽く包み、肉から出る蒸気を逃すようにする。

Check
肉の中心の温度を計って、焼き加減を確認する。

ガーリックライス

5

ガーリックライスを作る。フライパンに発酵バターを入れて熱し、ニンニクを炒めてからごはんを入れる。醤油、酒で味付けし、最後に塩、胡椒で味を調える。

Check
ガーリックライスの香りとコクを高めるために、発酵バターで調理する。

仕上げ

6

皿にガーリックライスを盛り付けて、カットしたローストビーフを盛り付ける。白髪ねぎ、白ゴマをのせ、ゴマ油を全体にまわしかける。西洋ワサビサワークリームソースをかけ、糸唐辛子を盛り付ける。

15 イタリアンバル HYGEIA 赤坂店
ハイジア

『ローストビーフ丼』

「濃厚でキレのあるソースが、赤身肉の旨味を引き立てます」

　気軽に利用できるイタリアンバルの人気メニューとしてローストビーフを一皿1200円の手頃な価格で提供する。ローストビーフはランチでもローストビーフ丼として提供。オーストラリア産牛モモ肉の表面をフライパンで焼いてから真空包装して湯煎で加熱。手間をかけないで、その分、安く提供できるようにしている。

　薄切りにしてから熱いタレをかけ、丸く盛った温かいご飯にまとわせるように盛り付け、さらに上からも熱いタレをかける。熱いタレとの組み合わせで、ローストビーフが温まり、温かいご飯との相性が良くなる。同じタレを、夜のおつまみメニューとして提供するときに添える。ご飯に合う甘辛い醤油ベースのタレだが、ハチミツで甘みを付けたり、バルサミコ酢を合わせて、キレのある甘辛さにしてあるので、単品として皿盛りするときの生野菜もおいしく食べられる。

代表取締役
早矢仕友也
TOMOYA HAYASHI

グローバルダイニング、エイベックス飲食事業部を経て、独立を果たす。「HYGEIA」は赤坂店のほか高田馬場店もある。飲食店の業務委託・コンサルタントも行っている。

ROAST BEEF INFO

価格：ランチタイム1000円（サラダバー、ドリンク付き）、ランチタイムのテイクアウトは800円、ディナータイム1200円（税別）
牛肉：オーストラリア産牛モモ肉
加熱方法：フライパンで加熱→真空包装＋湯煎
ソース：醤油ベースのソース

なめらかな食感が女性にも大人気

ローストビーフパスタ

材料
ローストビーフ
オーストラリア産牛モモ …… 5kg
塩 …… 適量
胡椒 …… 適量
サラダ油 …… 適量

仕上げ（1皿分）
ローストビーフ …… 120g
ごはん …… 180g
青ねぎ …… 適量
大根おろし …… 適量
醤油ベースのソース …… 適量

脂を切る

1
牛モモ肉は、脂の部分、スジの部分を切り取る。脂身の部分はカレーを仕込むときに使う。

フライパンで焼く

2
肉の表面に塩・胡椒をして、サラダ油を熱したフライパンで表面を焼く。

湯煎する

3
焼いた牛肉は真空包装して、70℃のお湯に90分入れる。

冷蔵庫で冷やす

4
湯煎から出したら、常温に戻したのち、冷蔵庫で半日冷やす。

SAUCE

醤油ベースのソース

玉ねぎを炒め、塩・胡椒をしたものに、醤油やキャラメリゼしたハチミツやバルサミコ酢を加えて作るソース。濃厚だけれど、キレのある酸味もあって、赤身の牛肉の味わいに深みが増す。温かくしてかけるので、ごはんとローストビーフの一体感もよくなる。

カット

5

冷蔵庫から出した牛肉は常温に戻してからスライサーでカットする。その日使う分のみをカットする。1枚の厚みは1.5mm。ローストビーフの両端は挽き肉にして麻婆豆腐に活用している。

盛り付け

6

温かいごはんを器に盛り、ローストビーフ、小口切りにした青ねぎ、大根おろしを盛り付け、温かくしたソースをかける。

Check
ご飯に盛り付ける直前に薄切りしたローストビーフに熱いソースをかける。温かいご飯との相性を良くする。

ローストビーフのアレンジメニュー

自家製ローストビーフ 800円(税別)

夜の時間は単品のバルメニューとしてもローストビーフは提供。ビール、ワインのつまみとして楽しむ人が多い。ソースは「ローストビーフ丼」と同じソースを冷たい状態でかける。

16 DON YAMADA
ドン ヤマダ

『ローストビーフ丼』

「グレービーソース、じゃがいものエスプーマなど、多彩な味わいをプラスしました」

　ビフテキ丼が看板商品だが、同じ肉を使用するローストビーフ丼も提供している。11時30分がオープン時間なので、11時にローストビーフは焼き上がるようにして、30分肉を休ませ、開店時間に、できたての温かいロースビーフで丼にして出せるようにしている。できたてを切るので、1枚ずつ手で切っている。

　部位はサーロイン。脂身を適度に残して焼いて、肉への火の当たりのクッションになるようにしている。一緒に焼いた野菜、鉄板にこびりついた肉汁、赤ワインを炊いてグレービーソースにして、ローストビーフにかける。また、皿盛りのときにローストビーフに添えられることが多いマッシュポテトをエスプーマでアレンジ。白トリュフオイルを加えて風味を高め、泡状にしてローストビーフのソースにもなる。じゃがいものエスプーマもグレービーソースも、温かくして合わせる。

グランシェフ
山田宏巳
HIRO YAMADA

1953年、東京・浅草生まれ。18歳でイタリア料理界に入り、95年「リストランテ・ヒロ」開店。2000年沖縄サミットでイタリア首相の専属料理人を務めた。09年、サンセバスチャンガストロノミー代表の一人として参加。2010年、自身が作っておもてなしする小さな隠れ家「ヒロソフィー銀座」を開店。

ROAST BEEF INFO

価格：1500円(鎌倉野菜たっぷりのミネストローネ付)(税別)
牛肉：アメリカ産オーロラビーフのサーロイン
加熱方法：フライパンで加熱→オーブン
ソース：グレービーソース、じゃがいものエスプーマ

できたての温かさで提供

ローストビーフ丼

材料
ローストビーフ
牛サーロイン …… 1.3kg
塩 …… 適量
黒胡椒 …… 適量
サラダ油 …… 適量
玉ねぎ …… 適量
人参 …… 適量
セロリの軸と葉 …… 適量
ニンニク …… 1/2株

仕上げ（1皿分）
ローストビーフ …… 95g
ご飯 …… 150g
レフォール（すりおろし）…… 適量
玉子サラダ※ …… 適量
糸ねぎ …… 適量
クレソン …… 適量
じゃがいものエスプーマ（P111）…… 適量
サマートリュフ …… 少々
塩 …… 適量
グレービーソース（P111）…… 適量

※**玉子サラダ**
黄身が濃厚な、神奈川県伊勢原市の「寿雀卵」を使用し、同じ玉子で作ったマヨネーズ、白トリュフオイルで調理するコクのある玉子サラダ。

成形する

1
サーロインは、焼く3時間ほど前に冷蔵庫から出して常温に戻す。脂身の部分を削り取る。ある程度は脂身は残す。成形してからタコ糸でしばる。

Check
脂身を少し残すと、それがクッションになって、肉にやさしく火が入っていくので、脂身を削り過ぎないようにする。

2
塩、胡椒を全体にふり、手で押さえてなじませる。

表面を焼く

3
サラダ油を熱し、強火で肉の表面を焼く。フライパンの中の油をスプーンですくってかけ、まんべんなく表面を焼く。

オーブンへ

4
ホテルパンに乱切りにした玉ねぎ、人参、セロリの軸と葉、横に切ったニンニクの株をのせ、その上に表面を焼いた牛サーロインをのせる。肉の上からサラダ油を少しかける。最初は220℃で8分。180℃に落として、途中、何度か肉の向きを変える。芯温が53℃になるまで焼く。およそ27分ほど。

休ませる

5
オーブンから出したらアルミホイルでくるんで、温かいところにおいて30分ほど休ませる。

切る

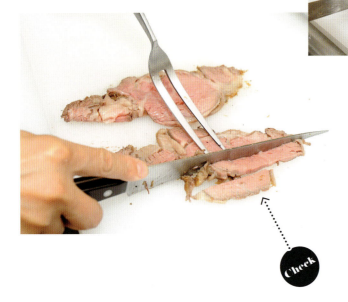

6
休ませたら切る。肉の繊維に沿って切る。その1枚を、肉の繊維に対して少し斜めに細切りにする。

Check
肉が温かいうちに切るので、スライサーでは切れない。手切りする。肉の繊維に対して斜めに切って、噛みごたえを残した細切りにする。

仕上げ

7
土鍋で炊いたご飯を器の中央にセルクルを使って丸く盛り付け、ご飯を覆い隠すようにローストビーフのスライスをのせる。レフォール、糸ねぎ、クレソンを盛り付け、肉にグレービーソースをかけ、肉の上に塩を少しふる。玉子サラダを添え、じゃがいものエスプーマを添える。じゃがいものエスプーマの上にサマートリュフをおろしてかける。

SAUCE RECIPE

グレービーソース

材料
ローストビーフを焼くときの野菜（P109作り方4参照）…… 適量
赤ワイン …… 適量
ローストビーフを休ませるときに出るジュー（P109作り方5参照）…… 適量
水 …… 適量
胡椒 …… 少々
コーンスターチ …… 適量

a

b

c

d

e

作り方
1 ローストビーフを焼いたときの野菜を鍋に移す。
2 ローストビーフを焼いたホテルパンに赤ワインを注ぎ、木べらで底にこびりついた肉汁をこそげ取り、それを1の鍋に加える（a，b）。
3 弱火で炊く。味が出てきたら、シノワで漉す（c）。
4 弱火で、味をみながら詰めていく。（d）

Check
ここまで、継ぎ足し、継ぎ足しで作っておき、使う分だけ仕上げている。

5 水で溶いたコーンスターチでとろみをつける。ホイルに包んでローストビーフを休ませたとき、ホイルの中に出た肉汁を加えて（e）、胡椒を加える。

Check
野菜に牛肉をマリネしたときの塩が落ちているので、塩は加えない。丼用のグレービーソースとして、ご飯とからむようにコーンスターチでとろみをつける。

SAUCE RECIPE

じゃがいものエスプーマ

材料（仕込み量）
じゃがいも …… 100g
じゃがいもの茹で汁 …… 40ml
生クリーム …… 48ml
オリーブオイル …… 10ml
白トリュフオイル …… 2g
塩 …… 適量

作り方
1 じゃがいもは皮をむいて塩茹でする。
2 ミキサーに茹でたじゃがいも、その茹で汁、生クリーム、オリーブオイル、白トリュフオイルを入れて撹拌する。
3 目の細かいシノワで漉して、エスプーマの容器にセットする。60℃の湯煎でエスプーマの容器を温めておく。

17

BAR TRATTORIA
TOMTOM 東向島店
バール トラットリア トムトム

『ローストビーフパスタ』

「牛脂に浸して低温加熱することで
肉汁を留めてしっとり仕上げ、
同時に牛脂の旨味もまとわせます」

ローストビーフが覆うのは、なんとスパゲッティ。姉妹店で提供するローストビーフ丼の人気を受け、「どこにもない品を」と個性派メニューを考案。ランチのメイン客層である女性に支持される一品を目指し、リーフ野菜を合わせて、さっぱりと食べられるサラダ風パスタに仕立てた。味のベースは、サラダに使用している玉ねぎベースの香味ドレッシング。さらに、レホールの辛味を加えたクリーミーなマヨネーズドレッシングをかけ、変化を作る。開発時はアラビアータ風なども試したが、シンプルなほうがローストビーフのおいしさも活かせた。同店のローストビーフは製法も特徴的。溶かした牛脂に浸けて芯温約50℃まで低温加熱する。狙いは、肉汁の流出を抑えることと牛脂の旨味を赤身肉に補うこと。この製法と温度設定が、レア感のある舌触りと旨味の詰まった味わい深さを作る。

マネージャー
鈴木忠暁(左)
TADAAKI SUZUKI

料理長
長岡賢司(右)
KENJI NAGAOKA

マネージャーの鈴木氏は、1968年東京都出身。1992年、喫茶店からイタリア料理店へリニューアルした際のオープニングから携わり、現在は、トムトムグループ6店の統括も行う。料理長の長岡氏は、1978年埼玉県出身。パスタ料理店にて3年経験を積んだ後、2003年より同店に勤務。2012年に料理長に就任し、本格イタリア料理をカジュアルに楽しませている。

ROAST BEEF INFO

価格：ランチは、サラダ、スープ、パン・ライス、ドリンクのサイドメニューから3つを選んで税込1400円。ディナーは税別1400円。
牛肉：アメリカ産チャックフラップテール
加熱法：牛脂のオイル煮→フライパンで加熱
ソース：オニオンドレッシング、レフォールドレッシング

ロービー＋サラダパスタのコラボ

ローストビーフパスタ

材料

ローストビーフ
アメリカ産チャックフラップテール …… 700〜800g
塩 …… 牛肉の重量に対して1.7%
グラニュー糖 …… 牛肉の重量に対して3.4%
牛脂 …… 適量

仕上げ（1皿分）
ローストビーフ …… 100g
スパゲッティ …… 90g
サラダメランジュ※ …… 適量
トムトムドレッシング（P.116）…… 適量
レフォールドレッシング（P.117）…… 適量
卵黄 …… 1個分
カリカリニンニク※ …… 適量
パルミジャーノ・レッジャーノ（パウダー）…… 適量
黒胡椒 …… 適量
EXV.オリーブオイル …… 適量

※サラダメランジュ
食べやすい大きさにちぎったレタス、サニーレタス、トレビス、スライスしたアーリーレッドを合わせる。

※カリカリニンニク
ニンニクアッシェをサラダ油でカリカリになるまで揚げる。

マリネする

1

アメリカ産チャックフラップテールは1本700〜800gのブロックを使い、表面の余分な脂とスジを取り除く。塩と砂糖を合わせたものを肉によくすり込み、ラップで包んで一晩冷蔵庫におく。

Check
同店のローストビーフは熱い温度で提供していないため、脂のかたまりが残るとしつこく感じてしまう。冷めた状態でおいしく食べられるように脂はしっかり除く。同様に、ぬるい温度帯では塩味を感じにくくなるので、塩は牛肉の1.7%と強めにふってしっかりと味を入れる。続く工程で牛脂に塩分が吸収されるという理由もある。

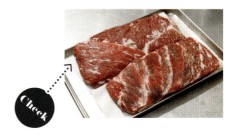

牛脂に浸けて低温で油煮に

2

キッチンペーパーで肉の水分を拭き取る。溶かした牛脂に肉を浸け、脂の温度を70℃にキープして、肉の芯温が50〜52℃になるまで加熱する（約20分）。芯温はかたまり肉の形状によって50〜52℃の間で調整している。溶かした牛脂は、掃除した牛肉の脂とスジを足しながら使っている。かさが足りないときはサラダ油を加えて調整する。

Check
牛脂でコンフィのように油煮にして低温加熱する目的は2つあり、まず一つは、肉汁の流出を抑え肉の旨味成分を外に逃がさないようにするため。もう一つは、牛肉に牛脂をまとわせて煮上げるため。手ごろな価格で提供できるよう肉のグレードを抑えている分、牛脂をコーティングして旨味を補っている。50〜52℃という温度は、旨味が残り、舌にからむようなしっとりとした食感に仕上がる温度を試行錯誤して導いたもの。これ以上低いと生っぽさが残り、これ以上高いとパサつきやすい。

3

温度計を肉の厚みのある部分の中心にさし、芯温に達していたら、素早く引き上げる。

常温で休ませる

4

バットにのせて、常温で2〜3時間、肉を触ってみて冷めるまでおく。

Check
そのまま次の焼く工程に進むと火が入りすぎてしまうため、ここで一度休ませる。肉汁が落ち着きしっとり感も向上する。

フライパンで焼き目をつける

5

フライパンに2の溶かした牛脂を引き、高温で手早く表面を焼く。両面を焼いたら、肉を立てて側面も焼き、表面全体に香ばしいクラストを作る。

Check
焼き色をつけることが目的のため、余計な火入れを行わないよう強火で手早く作業する。

急冷して粗熱をとる

6

焼き色がついたら網を敷いたバットに移し、そのまますぐに冷凍庫に1時間ほど入れて粗熱をとる。粗熱がとれたらいったん取り出し、ラップとアルミホイルに包んで冷凍保存する。

Check
5と同様に不要な火入れが進まないように、焼けたらすぐに冷凍庫に入れて粗熱をとる。

仕上げ

7
ローストビーフを5割ほど解凍し、スライサーで薄くスライスする。全解凍した状態で切るとクズが出てロスがでやすいので、半解凍の状態でスライスする。営業前に行い、ラップをかけて冷蔵庫で保存しておく。

8
注文が入ったら、パスタを茹ではじめ、薄切りにしたローストビーフを平皿に中心から円状に重ねて広げる。ガス台の上方において常温まで温める。

Check
平皿にセッティングしておくと、素早く見栄えよく盛り付けできる。真ん中が頂点になるように盛ると見た目がよく、また、隙間なく重ねるとパスタを覆い尽くすインパクトのある盛り付けにできる。

9
茹で上がったパスタを器に盛り、サラダメランジュをのせ、上からトムトムドレッシングをかける。

DRESSING RECIPE

トムトムドレッシング

材料（仕込み量）
玉ねぎ …… 300g
酢 …… 450g
サラダ油 …… 1ℓ
塩 …… 52.5g
白胡椒 …… 0.6g
ニンニク …… 2片
はちみつ …… 45g

作り方
1 サラダ油以外の材料をミキサーにかける。
2 混ざったら、サラダ油を少しずつ加えながら撹拌する。

10

続いて8の皿をひっくり返してローストビーフを一発で盛り付け、上にレフォールドレッシングを線状にかける。

Check
玉ねぎの香味がきいたドレッシングを味のベースにしてさっぱりと食べさせ、味に変化を出すために、レフォールを使ったクリーミーなドレッシングをダブルで合わせた。

11

中央に卵黄を落とし、粉チーズ、カリカリニンニクをふりかける。仕上げに胡椒を挽き、オリーブオイルをかける。

Check
卵黄のコクを合わせることでまとまりがでる。カリカリニンニクは食感と風味のアクセントに。

DRESSING RECIPE

レフォールドレッシング

材料（仕込み量）
レフォールのすりおろし …… 100g
トムトムドレッシング …… 200g
マヨネーズ …… 300g
生クリーム …… 100g

作り方
1　全ての材料をホイッパーで合わせる。

18 拳ラーメン

『ローストビーフ　牛づくしアヒージョまぜそば』

「牛脂をまとった香ばしいローストビーフのアヒージョ仕立てをアジアンテイストのまぜそばと！」

　スチコンを駆使してチャーシューを5種類作るなど、独創的なラーメンでグルメなラーメン通からの評価が高い『拳ラーメン』。現在は、鹿骨と熟成牛骨のスープと魚頭のスープの醤油味のラーメンをメインにしている。その牛骨を炊くときに出る牛脂でローストビーフのアヒージョを作り、まぜそば（汁なしラーメン）と合わせて限定ラーメンとして提供することもある。石鍋で作る熱々のアヒージョを客席でかけるときは、店内のお客の視線が集まる。

　牛脂のほうが、中太ちぢれ麺とのからみもよく、醤油ダレとあいまって最後まで食べ飽きない。オリーブオイルで作ると、まぜそばでは物足りないという。牛モモ肉は10kgのブロックのまま低温で12時間かけてスチコンで焼いてローストビーフにする。ラーメンと合わせるので、味はほんのりと付けるだけ。

店主
山内裕嬉吾
YUKIMICHI YAMAUCHI

京懐石、寿司店を経て、居酒屋を開業し、昼限定で出していたラーメンが評判となり、ラーメン専門店を開業。2011年に現在の場所に移転。

ROAST BEEF INFO

価格：限定メニュー
牛肉：アメリカ産牛モモ
加熱方法：スチコンのオーブンモード
ソース：なし

アツアツのアヒージョを客席でかける

ローストビーフ　牛づくしアヒージョまぜそば

材料
ローストビーフ
牛モモ …… 10.6kg
醤油(甘口) …… 適量

仕上げ(1人前)
ローストビーフ …… 70g
麺(中太ちぢれ) …… 180g
醤油ダレ …… 30ml
ねぎ油 …… 10ml
粗挽き胡椒 …… 適量
チリペッパー …… 適量
パクチー …… 適量
赤玉ねぎ …… 適量
牛味付けミンチ …… 適量
牛脂 …… 40ml
ニンニクチップ …… 適量
赤唐辛子(輪切り) …… 適量
塩 …… 少々

スチコンで焼く

1

牛モモ肉はブロック丸ごとスチームコンベクションオーブンに。オーブンモードで、芯温計を刺して芯温が62℃になるまで加熱する。焼いている途中で油と肉汁で流れてしまうので表面に塩・胡椒はしない。焼き上がりまでは、およそ12時間。

Check
でき上がりはスライサーで薄くきるので、スジは気にならないので取らない。切り分けて焼いていたこともあるが、丸のままで焼いたほうが肉汁が出ないので切らないで焼く。

2

オーブンから出して、常温において冷ましてから肉の表面をさっと洗ってアクを流す。

真空包装する

3

ブロックを6等分にカットする。鹿児島産の甘口の醤油とともに真空包装する。冷蔵庫でひと晩おいて味をなじませる。

Check
ラーメンのトッピングにするローストビーフなので、ラーメンのスープの味の邪魔にならないよう、醤油のみで薄く味をのせる。

仕上げ

4

丼に、醤油ダレ、ねぎ油を入れ、茹であげた熱い麺を湯を良く切って入れる。上に、刻んだパクチー、赤玉ねぎのみじん切り、牛味付け挽肉をのせて、粗挽き胡椒、チリペッパーをふる。

アヒージョ

5

石鍋に牛脂を40ml入れ、ニンニクチップ、唐辛子、塩を入れて火にかける。ニンニクチップが色づいてきたら、薄切りにしたローストビーフを入れて手早くざっくりと脂と和える。

提 供

6

客席で、できたての熱々のローストビーフのアヒージョを麺を盛った上からかける。よく混ぜて食べてもらう。

Check
生のハバネロをピクルスにして作る、自家製のハバネロ酢を添え、途中でかけて味の変化を楽しんでもらうよう、すすめる。

19. フルーツパーラー サンフルール
『ローストビーフサンド』

「パイナップルの酵素力で やわらかく焼きました」

　調理時にパイナップルを活用した、フルーツパーラーらしいローストビーフ。タンパク質分解酵素を多く含んだパイナップルを牛肉にのせて焼き上げることで、牛ロース肉が非常にやわらかく、かつフルーティーな香りに仕上がる。さらにオーブンで焼く際には、牛肉全体を香味野菜類とともにキャベツの外皮で包み込んで蒸し焼き状態にし、よりジューシーでやわらかな仕上がりに。ローストビーフ自体は塩・黒胡椒で控えめに調味し、素材の味を活かす。また牛肉の焼き汁と野菜類を使ってグレービーソースを作り、サンドイッチに添えて好みでかけて食べてもらうスタイルで提供。パイナップルのタンパク質分解酵素は、熟れていないものの方が豊富で、キウイフルーツやイチヂク、マンゴーなどでも代用できる。

オーナーシェフ
平野泰三
TAIZOU HIRANO

1956年生まれ。アメリカ留学時フルーツの魅力に目覚め、フルーツカッティングの技術を習得。都内老舗フルーツパーラーに勤務後独立し、東京・中野区内にフルーツパーラー「サンフルール」を開店。フルーツアーティスト®として多方面で活躍中。フルーツアカデー®主催。

ROAST BEEF INFO
価格：1500円（税別）
牛肉：国産牛ロース
加熱方法：フライパンで加熱→オーブン
ソース：グレービーソース

フルーツパーラーらしいローストビーフに

ローストビーフサンド

材料(仕込み量)
ローストビーフ
国産牛ロース …… 1500g
塩 …… 適量
黒胡椒 …… 適量
サラダ油 …… 適量
バター …… 適量
パイナップル …… 適量
パイナップルの芯 …… 適量
キャベツの外葉 …… 適量
人参 …… 1/2個
セロリの葉や茎 …… 適量
玉ねぎ …… 1/2個
ニンニク …… 1/2片

仕上げ(1皿分)
ローストビーフ …… 8切れ(3mm厚み)
食パン(8枚切り) …… 4枚
バター …… 適量
マヨネーズ …… 適量
練り辛子 …… 適量
レタス …… 適量
トマトスライス …… 4枚
キュウリスライス …… 8枚
オニオンスライス …… 2枚
塩 …… 適量
黒胡椒 …… 適量
グレービーソース(P127) …… 適量
レモン(スライス) …… 適量
パイナップル(飾り用) …… 適量

成形する

1

牛ロース肉をタコ糸で縛り、形を整える。焼く際に形が崩れないようにするために行なうもので、余裕を持って緩めに締めるとよい。塩、黒胡椒を表面にしっかりとふり、手ですり込む。

表面を焼く

2

フライパンにサラダ油とバターをたっぷりと引き、強火で表面を焼く。断面すべてに焼き色が付くまでしっかりと焼く。

オーブンへ

3

天板にアルミホイルを敷き、キャベツの外皮を敷く。ザク切りにした人参、セロリ、玉ねぎ、ニンニクを散らし、2の牛ロース肉をのせる。2のフライパンに残った肉汁をかける。牛ロース肉の表面をザク切りにしたパイナップルと芯で覆い、キャベツの外皮で包み込む。220℃のオーブンで約20分程焼く。

Check
キャベツの葉で包むことで野菜や果物から出る水分で蒸し焼き状態になり、やわらかく仕上がる。さらにパイナップルにはタンパク質分解酵素が多く含まれており、牛ロース肉をやわらかくする効果がある。

4

キャベツの外皮を外して牛ロースの様子を確かめる。火がある程度入っているようなら、牛肉をひっくり返してキャベツの外皮で覆いなおして5分程220℃のオーブンで焼く。その後キャベツの外皮を取り除き、5分程オーブンで焼いて外側を乾燥させた後、牛肉の真ん中あたりを手で押して、弾力を感じられたらそのままオーブンから取り出す。温かいうちにアルミホイルで全体を包み、冬は常温、夏なら冷蔵庫に入れ、半日ほど寝かせておく。

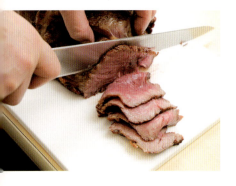

カットする

5
牛ロース肉からタコ糸を外し、約3mm幅で薄切りにする。スジなどがあった場合、食べやすいように包丁で切っておく。

仕上げ

6
スライスしたローストビーフの両面に、塩、黒胡椒を軽くふる。

7
食パンをトーストし、バター、練り辛子、マヨネーズを塗る。食パンの上にレタスを敷き、隙間が空かないようにローストビーフを広げる。トマトスライス、キュウリスライス、オニオンスライスをのせ、食パンで挟む。

8

7を上から軽く押さえ、食パンの耳を切り落とす。1/4にカットし、皿に盛り付ける。レモンスライス、パイナップルを飾り、グレービーソースを添える。

SAUCE RECIPE

グレービーソース

材料
ローストビーフの焼き汁 …… 適量
ローストビーフと一緒に焼いた野菜 …… 適量
水 …… 300ml
コンソメ顆粒 …… 適量
コーンスターチ …… 適量
水 …… 適量

作り方
1 ローストビーフの焼き汁を漉す (a)。
2 ローストビーフと一緒に焼いた野菜から、パイナップルや焦げた部分などを取り除き、1と共に小鍋に入れる。水を入れて温め、一度沸騰させる。
3 2を温かいうちに漉し (b)、液体分を小鍋に入れて温める。コンソメ顆粒を加えて調味し、水で溶いたコーンスターチを加えてとろみを付ける。

a

b

19. フルーツパーラー サンフルール

『ローストタン　オープンサンド』

「たっぷりの野菜とボイルして クセのない、やわらかさに」

　幅広い層に人気の高い牛タンを使用し、見た目にも鮮やかなオープンサンドに。牛タンは3～4時間かけて茹でることで、とろけるようにやわらかく仕上げ、厚めにカットして肉の魅力をアピールする。味わいにクセがなく、組み合わせる野菜やフルーツを変えることで容易にアレンジ可能で、テーブルを華やかに盛り上げてくれる。牛タンは、外皮のかたい部分を削り取った後、ローリエ、キャベツの外皮や人参の皮などたっぷりのくず野菜でフタをするように覆って大鍋に入れて水を張り、弱火でじっくり炊く。やわらかくなったら厚めにカットし、塩・胡椒で調味して、表面をバターとサラダ油で軽く焼いて風味をプラスする。なお、牛タンを炊いた煮汁にも旨味が出ており、スープやソース等に活用できる。

オーナーシェフ
平野泰三
TAIZOU HIRANO

ROAST BEEF INFO

価格：予約メニュー
牛肉：アメリカ産牛タン
加熱方法：ボイル→フライパンで加熱
味付け：バター、塩、胡椒

やわらかい食感を活かしたオープンサンド

ローストタン　オープンサンド

材料
ローストタン
牛タン …… 1本（1〜1.5kg）
キャベツの外葉 …… 適量
人参の皮 …… 適量
玉ねぎの外皮 …… 適量
セロリの葉 …… 適量
ローリエ …… 2〜3枚
バター …… 適量
サラダ油 …… 適量
塩 …… 適量
胡椒 …… 適量

仕上げ（1皿分）
ローストタン …… 3切れ（1cm厚み）
バケット …… 3切れ
レタス …… 適量
トマト（角切り）…… 適量
パセポン …… 適量
紫キャベツ（せん切り）…… 適量
キュウリ（せん切り）…… 適量
玉ねぎ（みじん切り）…… 適量
トマト（スライス）…… 適量
レモン（スライス）…… 適量
フルーツカッティング …… 適量
オリーブ …… 適量

下茹でする

1
皮付きの牛タンの表面をたわしでこすり、しっかり水洗いする。先端部分から熱湯に入れ、1分ほど茹でる。牛タンが少し締まったところで湯から引き出す。

Check
下茹ですることで、表面の皮がむきやすくなる。表面だけ火入れすればよいので、表面の色が変わった程度で素早く引き出す。

2
牛タンの表面に包丁の背を直角にあて、表面のざらざらした部分をこそげ取る。その後もう一度熱湯に軽くつけた後に引き出し、表皮のかたい部分は削る。

Check
表面のザラザラした部分は、非常にかたく取り除く必要がある。軽く茹でることでこそげ取りやすくなる。白っぽく変色した薄皮部分は食べられるので、残しておいてもよい。

ボイルする

3
鍋に水を張り、2の牛タン、野菜くず（キャベツの外皮、人参の皮、玉ねぎの外皮、セロリの葉）、一度炙って香りを出したローリエを鍋に入れる。野菜くずがフタになるように、野菜くずで牛タンを一面覆い尽くすようにする。一度沸騰させた後に弱火にし、3〜4時間炊く。ひたひたの状態で炊いて、水量が減ったときは熱湯を足す。

19 サンフルール

冷ます

5
バット等に4の牛タンをのせ、粗熱が取れるまで冷ます。

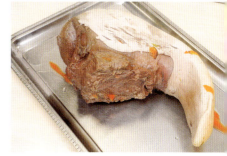

4
牛タンに竹串が通る位にやわらかくなったら、湯から引上げる。残った煮汁は、漉してスープやソースに活用できる。

カットする

6
1枚60gを目安に、根本部分からカットしていく。厚みがある方がおいしいので、1cm程の厚さを心掛ける。先端部分はかたいので、先端5cm分は使用しない。皮の部分が気になる場合は取り除いておく。

Check
牛タンは根本部分から先端にかけてかたくなっていき、先端部分はかなりかたい。ただしじっくり煮込むとやわらかくなるので、牛タンシチューなど煮込み料理に活用するとよい。

仕上げる

7
キッチンペーパーで表面の水分を拭き、両面にしっかり塩・胡椒をふる。フライパンにサラダ油、バターをたっぷりと引き、6の牛タンを焼く。焼き色がついたらひっくり返し、反対面も軽く焼く。

Check
牛タンには完全に火が通っているので、中まで温め、表面に焼き色が付く程度にさっと焼く。焼き油としてバターとサラダ油をブレンドして使うことで、ほどよい風味とさらっとした仕上がりを工夫。

グリル

8
3枚のバゲットの断面にバターをぬる。それぞれバゲットの上に野菜類とローストタンをのせる（①レタス、ローストタン、角切りにしたトマト、パセリみじん切り②せん切り紫キャベツ、ローストタン、せん切りキュウリ、玉ねぎみじん切り）③（せん切りキュウリ、トマトスライス、ローストタン、レモンスライス）。皿にのせ、フルーツカッティング、オリーブを飾る。

20 ワイン酒場 est Y
エストワイ

『ガーデンハーブでスモークした
ローストビーフのトルティーヤ』

「マリネ＋スモークで、サラミのような風味が加わります」

　繊維が均一で脂肪が少なく赤身に味を感じるF1種の牛内モモ肉を選んだ。その牛内モモ肉を濃い目のガスパチョ風のマリネ液に浸け、さらにハーブでスモークするローストビーフは、サラミのような風味が感じられるのが特徴。スモークは、店の庭で採れたローズマリーとローリエの生の葉と枝を炊いて燻香を付ける。二段階目は、160℃のオーブンで火入れ。理想的な火の入り加減は、肉の周り2mmほどに焼き色がつき中はレアになっていること。そのあとアルミホイルに包み、休ませながらゆっくりと余熱で火入れをすることで、理想的な火入れ加減にする。

　トルティーヤの皮でトマトやレタス、パクチーと一緒に包んで、ワインと一緒に楽しみやすいスタイルにした。サワークリームのソースを合わせ、また、ライムをぎゅっと絞り、さっぱりとした酸味や爽やかな香りもプラス。

オーナーシェフ
大塚雄平
YUHEI OTSUKA

フランス「ピュルイーゼル」(当時3星レストラン)、ドイツ3星シェフ・エッカルトビッツヒマン氏プロデュースの東京・丸の内のレストラン「oreaji」を経て、2013年「ワイン酒場estY」を千葉市の幕張本郷にオープン。2015年に2号店「DONCAFE36」を京浜幕張にオープン。

ROAST BEEF INFO

価格：BBQ特別メニュー（通常は出していない）
牛肉：牛内モモ（F1種）
加熱方法：ハーブでスモーク→オーブンで加熱
ソース：西洋ワサビとレモンクリームソース

ワインに合うエスニック風味

ガーデンハーブでスモークした
ローストビーフのトルティーヤ

材料
ローストビーフ
牛内モモ肉 …… 400g
サルサ液※ …… 適量
ライム果汁と皮 …… 1/2個分
ローリエ（フレッシュ）…… 適量
ローズマリー（フレッシュ）…… 適量

※ **サルサ液**
- 材料（仕込み量）
  青唐辛子 …… 1本
  パクチー …… 2枝
  バジル …… 8〜10枚
  ニンニク …… 1片
  トマト …… 1個〜1個半
  塩 …… 適量

- 作り方
  1 材料をミキサーに入れて撹拌する。塩加減は濃い目のガスパチョくらいに調整する。

※ **西洋ワサビとレモンのクリームソース**
- 材料（仕込み量）
  西洋ワサビ …… 5g
  レモン果汁 …… 1/2個分
  サワークリーム …… 100g
  塩 …… 適量
  胡椒 …… 適量

- 作り方
  1 西洋ワサビをすりおろす。西洋ワサビは切りきざむと辛味がたたないので、すりおろす。
  2 ボウルに1の西洋ワサビを移し、レモンの絞り汁とサワークリームを加えて混ぜ合わせる。
  3 塩、胡椒で味を調える。

※ **トルティーヤの皮**
- 材料（仕込み量）
  薄力粉 …… 50g
  片栗粉 …… 10g
  塩 …… ひとつまみ
  サラダ油 …… 小さじ1
  水 …… 65〜70ml

- 作り方
  1 ボウルに材料を入れてよく混ぜ合わせる。
  2 テフロン加工のフライパンで、油を引かないで生地を薄く広げて弱め〜中火で焼く。

1皿分
ローストビーフ …… 8切れ
トルティーヤの皮※ …… 2枚
西洋ワサビとレモンのクリームソース※ …… 適量
レタス …… 適量
トマト（串切り）…… 4切れ
パクチー …… 適量
青唐辛子（刻み）…… 適量
ライム果汁 …… 適量
塩 …… 適量
胡椒 …… 適量
トマト（飾り用）…… 適量
パクチー（飾り用）…… 適量

マリネする

1

牛肉とサルサ液を袋に入れて、ライムを絞り、皮も一緒に入れて1日以上冷蔵庫でマリネする。

スモークする

2

サルサ液でマリネした肉を取り出し、網の上にのせて焚き木で焼く。焚き木に生のローリエの葉とローズマリーを加えながら焚き、スモークする。

Check
肉の表面に焦げ目が付くまで、しっかりスモークして香りを移す。

オーブンへ

3

160℃のオーブンに10分間ほど入れる。取り出してアルミホイルで包んで20分ほど休ませてから切る。

仕上げる

4

トルティーヤの皮に、ちぎったレタスと串切りにしたトマト、刻んだ青唐辛子をおき、塩・胡椒をする。西洋ワサビとレモンのクリームソースをぬり、ローストビーフを重ねて、パクチーをのせる。パクチーにライムを絞りかける。

Check
ライム汁をかけるとパクチーの青臭さを感じなくなる。

5

トルティーヤを包んで、半分にカットする。皿にカットしたトルティーヤを盛り付けて、トマトとパクチーを添える。

21 Az
アズー

『初夏の牧場 ～牛と牡蠣～』

> 「サスティナブルをテーマに
> 乳牛の赤身肉を低温調理。
> 提供方法も工夫しました」

年齢問わず喜ばれるローストビーフを野菜と共に手でも楽しめるよう、春餅で包む趣向をパーティーメニューとして考案。メッセージ性とストーリー性を加え、存在感を高めてコースのメインとした。メッセージとは、一般的に廃用牛となるホルスタインや経産牛を使い、真空低温調理でやわらかく仕上げておいしく提供することで、サスティナブル（継続可能）を料理のテーマとし、食品廃棄問題（フードロス）に取り組むこと。一方、使用する牛が、砕いたカキ殻で浄化した水を飲んで育つことや中国料理の牛肉とカキの伝統的な組み合わせから、カキを使ったソースを、牧草や野草を食べることから食用花や野草を合わせ、"初夏の牧場で野草を食む牛"というイメージを吹き込んだ。ブランド牛ほどサシが無いため、かたいとされるが「薄切りにするローストビーフだからこそ、おいしく提供でき、コスト面でも魅力」と東さんは話す。テーマに合わせて包む野菜を変えたり、春餅自体に野草や野菜を練り込むなどして発展させることも可能だ。

オーナーグランシェフ
東 浩司 (右)
KOJI AZUMA

Azシェフ
藤田 祐二 (左)
YUJI FUJITA

オーナーグランシェフの東氏は、1980年大阪府生まれ、大阪と東京に展開する「ビーフン東」3代目。維新號グループを経て、新橋「ビーフン東」にて研鑽。2011年、1階に「chi-fu」を、地下に「Az」を開業。シェフの藤田氏は1984年香川県生まれ。調理師学校卒業後、パティシエや1年間の渡仏を経て、グランドハイアット東京、「ラ・カンパーニュ」（東京・大手町）などで研鑽。「Az」創業よりシェフに就任。

ROAST BEEF INFO

価格：6000円以上の春～夏のコース料理のメインとして提供
牛肉：ホルスタイン経産牛ロース
加熱方法：真空包装＋スチコン（熱風モード）→フライパンで加熱
ソース：牡蠣とフォンドヴォーのソース

手でつまめる、気軽で美しい料理

初夏の牧場 〜牛と牡蠣〜

材料
ローストビーフ
ホルスタイン経産牛ロース …… 400g
トレハロース …… ひとつまみ
塩 …… ひとつまみ
サラダ油 …… 大さじ1
マリネ液
- バター …… 少々
- ニンニク（みじん切り）…… 1片分
- エシャロット（みじん切り）…… 大さじ1
- コンソメ※ …… 50ml

※コンソメ
- 材料（仕込み量）
  仔牛骨 …… 4kg
  牛スネ肉 …… 5kg
  鶏ガラ …… 2kg
  玉ねぎ …… 3個
  人参 …… 3本
  セロリ …… 3本
  トマト …… 3個
  ニンニク …… 3株
  塩 …… 40g
  ブーケガルニ …… 適量
  A
  - 牛赤身挽き肉 …… 3.5kg
    人参 …… 2本
    玉ねぎ …… 2個
    セロリ …… 1本
    ポワロー …… 1本
    トマト …… 2個
  - 卵白 …… 500g

作り方
1 仔牛骨、牛スネ肉、鶏ガラを寸胴鍋に入れて塩を加え、かぶるくらいの水（分量外）を注いで強火にかける。玉ねぎ、人参、セロリ、トマト、ニンニク、ブーケガルニを加えて弱火で5〜6時間煮出す。
2 時間が経ったら漉して40℃まで冷ます。
3 別の寸胴鍋にAをよく混ぜ合わせる。
4 3に2を加えてよく混ぜ、混ぜ続けながら強火で加熱する。
5 4の肉や野菜が固まって浮き上がってくるまで混ぜ、浮いてしっかりと固まったら中央に穴を開け、浮いてきたアクを取り除いて8時間弱火で煮る。
6 ペーパーを重ねたシノワで5を漉す。

仕上げ（1皿分）
ローストビーフ …… 3切れ
春餅（北京ダックの生地）…… 1枚
牡蠣とフォンドヴォーのソース（P141）…… 小さじ2
乾燥湯葉 …… 適量
クレソンの花 …… 1房
ランドクレス …… 1本
マイクロフェンネル …… 少々
食用花 …… 適量
塩 …… 少々

マリネする

1

常温に戻しておいた牛肉に、トレハロースと塩をふり、キッチンペーパーに包んでラップをし、一晩冷蔵する。写真は一晩おいた状態。

Check
脂質の変敗やたんぱく質の変性を抑えたり、保湿効果のあるトレハロースを肉に当てることで、保水し加熱しても縮みにくくする。牛肉は廃用牛のホルスタインや経産牛を使用。一般的に捨てられてしまう牛を使うことで、食品廃棄問題（フードロス）に一石を投じ、「サスティナブル（継続可能）」を同料理のテーマにする。

真空包装し、スチコンで加熱

2

フライパンを中火にかけてバターを加え、バターが溶けたらニンニクとエシャロットを炒め、香りが出てきたらコンソメを加えて火を止める。写真は完成したもの。

3

1と2をフィルムに入れ、真空包装機にかける。

Check

マリネ液と肉を真空包装して加熱することで、肉にマリネ液の旨味をよく浸透させられると同時に、肉からドリップが出ても、ソースに利用するマリネ液に肉の旨味が加わって、旨味を余すこと無く利用できる。

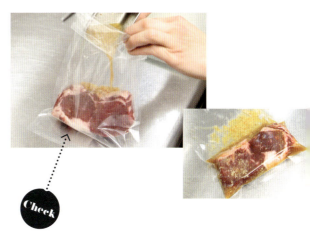

4

3をスチコンに入れ、オーブンモード、温度60℃、湿度0%に設定して40分加熱する。

Check

時間が経っても肉がやわらかく、また旨味を逃さないため、芯温を牛肉の最下融点40℃にして40分加熱するイメージ。本来なら400gの塊で芯温40℃を目指す場合58℃で加熱するが、フィルムとマリネ液を考慮して60℃に設定した。

5

写真上は加熱後の状態。スチコンから取り出したら、マリネ液は漉して残しておく（すぐに一度沸かして滅菌しておく）。肉の表面についたエシャロットやニンニクは拭き取る。

Check

マリネ液はソースに利用する。表面についたエシャロットやニンニクは、この後肉を焼く時に焦げないよう丁寧に拭き取っておく。

フライパンで加熱する

6

フライパンを中火にかけてサラダ油を熱し、5の牛肉を焼く。サイド、表裏がまんべんなくキツネ色になったら火からあげる。

Check
表面を焼いてメイラード反応をおこし、香味成分を出すことでローストビーフに落とし込む。

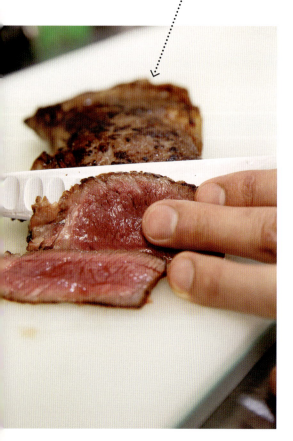

仕上げ

7

ローストビーフを2〜3mm厚にスライスする。

Check
火が完全に入った茶褐色の部分が端から1mm程度あり、あとは全面ロゼ色の断面が理想の仕上がり。

8

春餅を皿に敷いて牡蠣とフォンドヴォーのソースを盛り付ける。ソースは提供に合わせて仕込み、作りたてを使う。

9
乾燥湯葉を180℃に熱した高温の油（分量外）で一気に揚げ、キツネ色になったら引き上げる。揚げ湯葉、ローストビーフを重ね、野草・食用花を散らす。仕上げに塩を打つ。

Check
皮で包んで手で食べる趣向なので、包みやすいように春餅の片側に盛り付ける。

SAUCE RECIPE

牡蠣とフォンドヴォーのソース

材料（仕込み量）
マデラ酒 …… 100ml
カキ …… 1個
エシャロット（みじん切り）
　…… ひとつまみ
フォンドボー※ …… 大さじ2
ローストビーフに使ったマリネ液
　（P139作り方5参照）…… 全量

※フォンドボー
┌材料
│仔牛骨 …… 3kg
│仔牛スネ肉 …… 5kg
│人参 …… 3本
│玉ねぎ …… 3個
│セロリ …… 3本
│ニンニク …… 3株
│トマト …… 3個
│トマトペースト …… 200g
└ブーケガルニ …… 適量

作り方
1 仔牛の骨とスネ肉を200℃のオーブンで香ばしくなるまで焼く。
2 人参、玉ねぎ、セロリ、ニンニクは3cmの角切りにし、中火でじんわり火が通るまで炒める。
3 1と2を寸胴鍋に合わせる。トマト、トマトペースト、ブーケガルニを入れて水（分量外）をひたひたより多めに入れ8〜9時間弱火で煮る。
4 シノワで漉して冷蔵保存する。

a　　　　　　　b　　　　　　　c　　　　　　　d

e　　　　　　　f　　　　　　　g　　　　　　　h

作り方
1 カキは殻をはずし、エシャロットはみじん切りにする。
2 小鍋にマデラ酒、エシャロット、カキを汁ごと入れて強火にかけ、アルコールを飛ばす（a）。
3 沸いたら中火に落とし、液体が鍋底に少し残るまで煮詰める（b）。
4 火を止めてフォンドボーを加え、再び中火にかける（c）。フォンドボーがなじんだらバーミックスをかけてカキをピュレ状にする（d）。ペースト状になるまでさらに煮詰める（e）。（f）は煮詰め終わり。
5 ローストビーフの作り方6の漉したマリネ液を沸かして滅菌し、4に全量を加えて混ぜ合わせると完成（g,h）。

味のバリエーションが広がる！
ローストビーフのソース

渡辺健善（『レ・サンス』オーナーシェフ）

- 冷 ＝ 冷製ローストビーフ、ローストビーフサンド、ローストビーフサラダに合うソース
- 温 ＝ 温製ローストビーフ、ローストビーフ丼に合うソース
- 冷 温 ＝ 冷製、温製、どちらのローストビーフにも合うソース

あと引くマヨネーズ風

冷 ルイユソース

材料（仕込み量）
卵黄 …… 1個
マスタード …… 20g
白ワインビネガー …… 30ml
ピュアオリーブオイル …… 20ml
チキンブイヨン …… 30ml
サフラン …… 少々
茹で玉子（みじん切り）…… 2個分
ニンニク（みじん切り）…… 1片分
玉ねぎ（みじん切り）…… 15g
フィレアンチョビフィレ（みじん切り）
　…… 2本分
トマトペースト …… 小さじ1
レモン汁 …… 少々
塩 …… 少々
カイエンヌペッパー …… 少々

作り方
1　チキンブイヨンにサフランを入れて沸かしてから冷やしておく。
2　卵黄、マスタード、白ワインビネガーをよく混ぜる。
3　オリーブオイルを2に少しずつ加えながら泡立て器で混ぜて乳化させる。
4　色が出た1を3に加えてよく混ぜる。
5　みじん切りにしたニンニク、玉ねぎ、アンチョビとトマトペーストを合わせて混ぜる。
6　レモン汁、塩、カイエンヌペッパーで味を調える。

冷 コンコンブルソース

さっぱりとしたサラダ風味

材料（仕込み量）
キュウリ（みじん切り）……50g
生クリーム（35%）……50ml
ミント……3枚
レモン汁……少々
塩……少々
胡椒……少々

作り方
1 生クリーム、みじん切りにしたキュウリとミントを合わせて混ぜる。
2 レモン汁を加えて、塩、胡椒で味を調える。

冷 温 タプナードソース

香りとコクの豊かな味わい

材料（仕込み量）
ツナ缶……100g
茹で卵……1個
黒オリーブ……130g
アンチョビ（フィレ）……2本
EXV.オリーブオイル……60ml

作り方
1 ツナ缶は油を切る。茹で卵、ツナ、黒オリーブ、アンチョビフィレをロボクープでまわす。
2 EXV.オリーブオイルを混ぜ合わせる。

冷 ラヴィゴットソース

海藻とピクルスの組み合わせ

材料（仕込み量）
玉ねぎ（みじん切り）……60g
白ワインビネガー……60ml
EXV.オリーブオイル……90ml
サラダ油……90ml
ケッパー（みじん切り）……30g
エストラゴン（みじん切り）……2枚
パセリ（みじん切り）……少々
ピクルス（みじん切り）……少々
海藻ミックス……適量

作り方
1 玉ねぎは塩もみして水にさらす。
2 白ワインビネガーとEXV.オリーブオイルとサラダ油を合わせて混ぜてヴィネグレットを作る。
3 玉ねぎ、ケッパー、エストラゴン、パセリ、ピクルスを2に合わせて混ぜる。刻んだ海藻を添える。

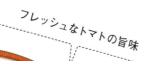 カカオソース

濃厚なクラシックな味わい

材料（仕込み量）
- カカオプードル …… 10g
- バルサミコ酢 …… 30ml
- 赤ワイン …… 80ml
- ハチミツ …… 20g
- フォンドヴォー …… 150ml
- バター …… 少々
- 塩 …… 少々
- 胡椒 …… 少々

作り方
1. 鍋にバターを入れてカカオプードルを炒める。
2. バルサミコ酢と赤ワインとハチミツを加えて煮詰める。
3. 煮詰まったらフォンドヴォーを加えて一煮立ちさせる。
4. 常温で柔らかくしたバターを少量ずつ溶かす。
5. 塩、胡椒で味を調える。

フレッシュなトマトの旨味

冷 温 アンティボアーズソース

材料（仕込み量）
- トマト（ピューレ）…… 200g
- 白ワイン …… 100ml
- 赤ワインビネガー …… 25ml
- EXV.オリーブオイル …… 25ml
- バジル（みじん切り）…… 1枚
- パセリ（みじん切り）…… 少々
- 塩 …… 少々
- 胡椒 …… 少々
- プチトマト（1/4切）…… 2個分
- 黒オリーブ（スライス）…… 2～3粒

作り方
1. トマトは種を除き、潰して漉してピューレ状にする。
2. 鍋に白ワインを入れてアルコールを飛ばして1/2量になったら、1のトマトピューレを加える。赤ワインビネガーを加える。
3. 冷ましてからEXV.オリーブオイルを合わせて混ぜる。バジル、パセリを加える。
4. 塩、胡椒で味を調える。プチトマトと黒オリーブを混ぜる。

ほのかな甘みと塩味

冷 温 ゴルゴンゾーラソース

材料（仕込み量）
- 牛乳 …… 50ml
- 生クリーム …… 70ml
- ゴルゴンゾーラ …… 40g

作り方
1. 鍋に牛乳と生クリームを入れて沸いたら火を止める。
2. ゴルゴンゾーラを合わせて溶かし混ぜる。
3. チーズが溶けたら火を止め、冷めたらエスプーマにセットする。（ない場合はホイッパーで撹拌する）

ローストビーフのソース

冷 温 チリコンカンソース

豆の食感も楽しめる

材料（仕込み量）
ひよこ豆（水煮）…… 100g
キドニービーンズ（水煮）…… 適量
豚挽き肉（みじん切り）…… 100g
玉ねぎ（みじん切り）…… 1/2個
ニンニク（みじん切り）…… 2ヶ
ホールトマト …… 300g
ローリエ …… 1枚
チリパウダー …… 少々
オレガノ …… 少々
クミン …… 少々
フォンブラン …… 120ml
塩 …… 少々
胡椒 …… 少々

作り方
1 豚挽き肉、玉ねぎ、ニンニクを炒める。
2 ホールトマト、ローリエ、チリパウダー、オレガノ、クミンを加えて煮込む。
3 フォンブランを合わせる。塩、胡椒で味を調える。
4 ひよこ豆とキドニービーンズを加えて、ひと煮立ちさせる。

さっぱり酸味＆ピリ辛クリーミー

冷 ワカモレソース

材料（仕込み量）
アボカド …… 250g
レモン汁 …… 55g
フォンブラン …… 200ml
ハラペーニョ …… 10g

作り方
1 材料をすべてミキサーで撹拌して混ぜる。
2 凍らせてからパコジェットにかける。

フランス・バスク地方の味

冷 温 バスケーズソース

材料（仕込み量）
ホールトマト …… 200g
玉ねぎ（みじん切り）…… 80g
赤パプリカ（みじん切り）…… 70g
黄パプリカ（みじん切り）…… 70g
ニンニク（みじん切り）…… 2ヶ
塩 …… 少々
胡椒 …… 少々

作り方
1 ホールトマトを漉す。
2 玉ねぎを炒める。同様に赤、黄パプリカを加えて炒める。ニンニクも加えて炒める。
3 ホールトマトを加えてひと煮立ちさせる。
4 塩、胡椒で味を調える。

ボルシチソース

ビーツの香りと甘みが凝縮

材料（仕込み量）
- ビーツ …… 150g
- 玉ねぎ（スライス）…… 50g
- じゃがいも（スライス）…… 50g
- チキンブイヨン …… 150ml
- ホールトマト（裏ごし）…… 100g
- サワークリーム …… 少々
- オリーブオイル …… 少々
- 塩 …… 少々
- 胡椒 …… 少々

作り方
1. ビーツをアルミホイルで包み、ローストする。ローストしたら皮を剥く。
2. 玉ねぎとじゃがいもをオリーブオイルで炒める。チキンブイヨンとホールトマトを加えて5分ほど煮込んだら1のローストビーツを加えて煮て、シノワで漉す。
3. 塩、胡椒で味を調えて、サワークリームを添える。

カキのソース

牛肉と相性のいい牡蠣の風味

材料（仕込み量）
- カキ …… 100g
- 白ワイン …… 適量
- カキの煮汁 …… 150ml
- 玉ねぎ（みじん切り）…… 1/2個
- 生クリーム（35％）…… 150ml
- オリーブオイル …… 適量

作り方
1. カキを白ワインで蒸し煮する。煮汁も使う。
2. 玉ねぎをオリーブオイルで軽く炒める。色がつかない程度に軽く炒める。
3. 2にボイルしたカキと、カキの煮汁を加え、ひと煮立ちさせる。
4. 生クリームを加えて混ぜ、火を止める。
5. ミキサーで撹拌して混ぜてからシノワで漉す。
6. エスプーマにセットする。

アメリカンチェリーソース

ほのかに甘酸っぱくスパイス香る

材料（仕込み量）
- アメリカンチェリー …… 200g
- 赤ワインビネガー …… 50ml
- ポルト酒 …… 200ml
- クローブ …… 3個
- スターアニス …… 1個
- 砂糖 …… 30g
- アガー …… 4g

作り方
1. アメリカンチェリーは種をとり半分に切る。
2. 鍋に赤ワインビネガー、ポルト酒、クローブ、スターアニス、砂糖を入れて火にかけ、沸いたら火を止める。
3. アメリカンチェリーを漬けて一晩おく。
4. 漬け汁を漉す。漉した漬け汁を鍋に入れて火にかけて、アガーを加えて溶かし濃度をつける。
5. アメリカンチェリーを戻して合わせる。

口どけがいい凍ったソース

冷温 フォアグラソース

材料（仕込み量）
- フォアグラ …… 1kg
- 塩 …… 8g
- 砂糖 …… 6g
- 白胡椒 …… 2g
- ポルト酒 …… 適量
- 生クリーム …… 適量

作り方
1. フォアグラテリーヌを作る。フォアグラにポルト酒、塩、砂糖、胡椒をしてテリーヌ型に流し入れ半日マリネする。
2. マリネしたフォアグラを耐熱皿に移し、湯煎しながら100℃のオーブンで25〜30分加熱する。冷ましてから裏漉しする。
3. フォアグラのテリーヌに対して同量の生クリームを混ぜて、凍らせてからパコジェットにかける。

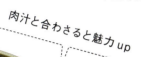

肉汁と合わさると魅力up

冷温 サルサヴェルデソース

材料（仕込み量）
- パセリ …… 200g
- パン粉 …… 30g
- EXV.オリーブオイル …… 50ml
- 茹で卵の黄身 …… 1個分
- アンチョビ（フィレ）…… 2枚
- 白ワインビネガー …… 80ml
- 白ワイン …… 100ml
- ニンニク …… 1片
- 塩 …… 適量
- 胡椒 …… 適量

作り方
1. 白ワインを沸かしてアルコールを飛ばす。冷やす。
2. 残りの材料と1をロボクープに入れてまわす。

『レ・サンス』オーナーシェフ

渡辺健善
TAKEYOSHI WATANABE

1963年神奈川県生まれ。18歳で料理の世界に入り、国内で修業ののち、1989年に渡仏。「アンフィクレス」（パリ二つ星）、「ミッシェルトラマ」（ボルドー三ツ星）、「ジャックマキシマン」（ニース二つ星）、「ジャルダン・デ・サンス」（モンペリエ三ツ星）、「ジャックシボワ」（カンヌ二つ星）で修業し、1998年にフランス料理『レ・サンス』を神奈川県横浜市青葉区にオープン。

取材店紹介

20～147ページで掲載した

※主店名の五十音順

Az
アズー

住所／大阪府大阪市北区西天満4-4-8-B1F
電話／06-6940-0617
営業時間／17時30分～22時(L.O.)
定休日／日曜日

昼は老舗「ビーフン東」としてバーツァンとビーフンを、夜は中華ビストロ「Az」としてワインに合う中国料理とフランス料理を提供。アラカルトを中心に、コース4000円～も用意し、食事使いから2軒目使い、パーティー使いまで幅広く対応。

→P136

FRENCH BAR RESTAURANT ANTIQUE
フレンチバール・レストラン アンティーク

住所／兵庫県神戸市中央区中山手通1-2-6　飛鳥ビル1F
電話／078-333-2585
営業時間／18時～翌4時(L.O.翌3時)
定休日／月曜日(祝日の場合は翌日に振替)

神戸市の繁華街の路地奥に立地し、始発間際まで営業するフレンチバール。1杯と1品でもよし、コースでもよし、2階の個室ではパーティも可能と使い勝手のよさが魅力。コース4000円～、タパス380円～。

→P84

ワイン酒場 est Y
エストワイ

住所／千葉県千葉市花見川区幕張本郷2丁目8-9
電話／043-301-2127
営業時間／15時～24時
定休日／不定休

皆で楽しみワインを飲んでもらおうと、毎月釣りに行き、釣った魚を振る舞う魚祭り、BBQも開催している。契約農家直送の旬の珍しい野菜料理も人気。

→P132

BRASSERIE AUXAMIS marunouchi
ブラッスリーオザミ 丸の内店

住所／東京都千代田区丸の内3-3-1　新東京ビル1階
電話／03-6212-1566
営業時間／11時30分～24時(L.O.22時)、[日曜日・祝日]11時～23時(L.O.21時30分)
定休日／無休
https://auxamis.com/brasserie

丸ノ内のオフィス街に、パリの街角にたたずむブラッスリーの雰囲気を再現。フランス人客にも好まれる本場さながらの料理と、幅広いラインナップのワインを求め、1日中活気が絶えない。手頃な日替わりランチメニューも人気。

→P62

CARNEYA SANOMAN'S
カルネヤサノマンズ

住所／東京都港区西麻布3-17-25　KHK西麻布ビル
電話／03-6447-4529
営業時間／11時30分～15時(L.O.14時) ※月曜日は昼営業なし、18時～23時(L.O.21時30分)　[土曜日]11時30分～15時(L.O.14時)、17時30分～22時30分(L.O.21時)
定休日／日曜日、月曜日の昼
http://carneya-sanomans.com/

熟成肉の先駆者・食肉加工会社「さの萬」と「カルネヤ」高山シェフがタッグを組んだ、マニアックな肉好きの間で評判を呼ぶ人気店。肉に関する豊富な知識と、肉の個性を見極めた巧みな技術で調理する、高山シェフ独自の「肉イタリア料理」を提供。

→P42

キュル・ド・サック

住所／東京都中央区日本橋本石町4-4-16
電話／03-6214-3630
営業時間／11時30分〜14時(L.O.13時30分)、17時30分〜23時30分(L.O.22時)
定休日／土・日曜日、祝日

「ガッツリ食べてがぶがぶ飲む」をコンセプトにした、近隣のオフィスワーカーから人気を集めるワイン食堂。気軽な雰囲気の中、厳選素材を使ったメニューをリーズナブルに楽しませている。夜のコースは2484円(税込)〜。

→ P74

くいしんぼー山中

住所／京都府京都市西京区御陵溝浦町26-26
電話／075-392-3745
営業時間／11時30分〜14時(L.O.13時30分)、17時〜21時(L.O.20時30分)
定休日／火曜日、第3月曜日(祝日の場合は営業)
http://www.ac.auone-net.jp/~yamanaka/

1976年創業のステーキハウス。「本物のみを提供する」をモットーに、牛は自然なサシが入った未経産の近江牛、魚は天然など厳選した素材を使用し、40年以上変わらぬ味を守る。ランチ1800円〜、ステーキコース8000円〜。

→ P20

TRATTORIA GRAN BOCCA
トラットリア グランボッカ

住所／東京都千代田区富士見2-10-2　飯田橋グラン・ブルーム サクラテラス2F
電話／03-6272-9670
営業時間／11時30分〜14時30分(L.O.)※土・日曜日、祝日は〜15時(L.O.)、17時30分〜22時30分(L.O.)
定休日／無休
http://www.gran-bocca.com

2014年10月にオープンしたトラットリア。店で一頭買いするA5ランク和牛のステーキなど、上質かつボリュームのある肉料理が評判を呼び、「肉イタリアン」の名で人気店に。桜を見おろせるテラスからの眺望も魅力。

→ P50

拳ラーメン

住所／京都府京都市下京区朱雀正会町1-16
電話／075-651-3608
営業時間／11時30分〜14時、18時〜22時
定休日／水曜日(限定ラーメンのみで昼だけ営業するときあり)

魚の頭と丹波黒地鶏のダブルスープの塩ラーメンを看板商品に2011年に現在の場所に移転。2015年からは鹿骨と熟成牛骨と魚頭の醤油ラーメンをメインに。「驚き」のある限定ラーメンでも定評がある。

→ P118

フルーツパーラー サンフルール

住所／東京都中野区鷺宮3-1-16
電話／03-3337-0351
営業時間／9時30分〜18時
定休日／不定休
http://fruitacademy.jp

フルーツアーティストであり、フルーツカッティングの学校「フルーツアカデミー」の代表である平野泰三氏がオーナーのフルーツパーラー。

→ P122

レストラン セビアン

住所／東京都豊島区南長崎5-16-8　平和ビル1階
電話／03-3950-3792
営業時間／11時30分〜15時(L.O.14時)、18時〜23時(L.O.21時)
定休日／月曜日(祝日の場合は営業し、翌日休業)
http://restaurant-cestbien.com

親子二代にわたるガストロノミーフレンチと伝統的な洋食のどちらも楽しめる店として地域の人に親しまれているだけでなく、遠方から足を運ぶファンも多い。

→ P36

Bar CIELO
バー チェロ

住所／東京都世田谷区太子堂4-5-23-2F,3F
営業時間／03-3413-7729
　　　　　／2階は18時〜翌3時、3階は20時〜翌5時
定休日／不定休
http://bar-cielo.com/

2Fはイタリアンバル。3Fはオーセンティックバーで、300種類以上のウイスキーや季節のフレッシュカクテルを楽しめる。レアなリキュールも豊富にそろえている。

→ P80

BAR TRATTORIA TOMTOM 東向島店
バール トラットリア トムトム

住所／東京都墨田区東向島5-3-7 2F
電話／03-3610-0430
営業時間／11時〜15時30分 (L.O.)、17時30分〜24時（料理L.O.23時）［土・日曜日、祝日］11時〜24時（ランチメニューL.O.14時30分、料理L.O.23時）
定休日／水曜日
http://r-tomtom.com/

墨田区を中心にイタリア料理店とベーカリー計6店を展開する㈱セキグチの本店。2014年、コース主体のレストランから小皿料理と薪窯で焼くピッツァを中心にしたカジュアルスタイルに転換。創業から約50年、地元で愛され続けている。

→ P112

DON CAFE ★36
ドン カフェ 36

住所／千葉県千葉市花見川区幕張町5-447-8
電話／043-216-2009
営業時間／9時〜19時
定休日／不定休

ガパオ、もち粉チキン、ベジタブル丼、しらす丼など個性的な丼メニューが充実しているカフェ。手打ちパスタも人気。丼メニューはテイクアウトできるものも多い。千葉市の幕張本郷2丁目に姉妹店「ワイン酒場 est Y」がある。

→ P94

DON YAMADA
ドン ヤマダ

住所／神奈川県鎌倉市雪ノ下1-9-29　シャングリラ鶴岡1F
電話／0467-22-7917
営業時間／11時〜19時
定休日／火曜日

イタリアンの巨匠・山田宏巳シェフが2016年1月にオープンした、ビフテキ丼とローストビーフ丼の店。鎌倉野菜たっぷりのミネストローネが付くのも特徴。山田シェフ自らが切り出すという、日光の天然氷を使ったかき氷もある。

→ P106

那須高原の食卓　なすの屋

住所／東京都中央区銀座2-7-18　メルサGinza-2　4階
電話／03-6263-0613
営業時間／11時〜14時、17時〜22時
定休日／メルサGinza-2に準ずる

那須高原の特産の野菜、那須和牛など、自然豊かな那須高原の食材でおいしい料理を提供することをコンセプトに2016年2月にオープン。

→ P90

尾崎牛焼肉　銀座　ひむか

住所／東京都中央区銀座5-2-1　東急プラザ銀座11階
電話／03-6264-5255
営業時間／11時〜23時 (L.O.22時30分)
定休日／不定休 (東急プラザ銀座に準ずる)
http://ginza.tokyu-plaza.com/shop/detail_548.html

月の出荷頭数わずか30頭という幻の「尾崎牛」は長期肥育により生きたまま熟成させ脂もおいしい上質な肉。その尾崎牛の焼肉店。ランチ牛丼2500円〜、ディナーコース8000円〜アラカルト有。

→ P26

取材店紹介

イタリアンバル HYGEIA

赤坂店（写真）
住所／東京都港区赤坂3-12-3　センチュリオンホテルレジデンシャル赤坂1階
電話／03-6277-6931
営業時間／11時30分〜14時30分、17時〜23時30分
定休日／土曜日、日曜日、祝日

高田馬場店
住所／東京都新宿区高田馬場4-14-6　第一長谷川ビル1階
電話／03-5937-4030
営業時間／11時30分〜14時30分、17時〜24時
定休日／不定休

気軽なイタリアンバル。ランチは牛タンカレーとローストビーフ丼のビュッフェとテイクアウトの営業。夜は、ビールやワインとおつまみを楽しめる。高田馬場に姉妹店があり、満月の夜に開催するギター・バイオリン・フルートによる「フルムーンライブ」も評判。

→P102

ラ・ロシェル山王

住所／東京都千代田区永田町2-10-3　東急キャピトルタワー1階
電話／03-3500-1031
営業時間／11時30分〜15時(L.O.14時)、17時30分〜23時(L.O.21時30分)
定休日／月曜日、第1火曜日
http://la-rochelle.co.jp

フレンチの鉄人として有名なムッシュ坂井宏行がオーナーのレストラン。ホテル内にあり、幸せを記憶に変える至福の味と極上のおもてなしを提供する。

→P30

洋食 Revo
ようしょくレヴォ

住所／大阪府大阪市北区大深町4-20　グランフロント大阪南館7F
電話／06-6359-3729
営業時間／11時〜15時、17時〜23時
定休日／グランフロント大阪に準ずる

創業18年目を迎える人気店。約8年前にオーナーが黒毛和牛と出会って買い付けルートを開拓し、現在は精肉店や肉惣菜店も展開。スケールメリットを利用して余すこと無く売ることで上質な肉を手頃な価格で提供する。

→P68

レ・サンス

住所／神奈川県横浜市青葉区新石川2-13-18
電話／045-903-0800
営業時間／ランチ11時〜14時30分、ティータイム14時30分〜16時30分、ディナー17時30分〜21時
定休日／月曜日
http://les-sens.com

本場フランス三ツ星レストランの味を香りや視覚、五感すべてで愉しめる。産地直送の素材のこだわりはもちろん、新しい食材を用いた斬新な料理も人気。

→P142

ローストビーフの店　ワタナベ

住所／京都府京都市中京区油小路御池下ル式阿弥町137三洋御池ビル1F
電話／075-211-8885
営業時間／12時〜14時(L.O.)、18時〜22時(L.O.)
定休日／月曜日、火曜日（不定休あり）
http://watanabe-beef.blogspot.jp/

前菜とローストビーフ、カフェ、デザートのコース5000円のみ。選べる前菜にはリードヴォーやシャルキュトリなどメイン級の料理も含まれる。ローストビーフは1人前150g。グラスワイン600円〜。2人以上で要予約。

→P56

ローストビーフ
人気店の調理技術とメニュー

発行日　2016年7月9日　初版発行

編　者　旭屋出版編集部編（あさひやしゅっぱん　へんしゅうぶ　へん）
発行人　早嶋　茂
制作者　永瀬正人
発行所　株式会社旭屋出版
　　　　東京都港区赤坂1-7-19 キャピタル赤坂ビル8階　〒107-0052
　　　　電話03-3560-9065（販売）
　　　　　　 03-3560-9066（編集）
　　　　FAX03-3560-9071（販売）

　　　　旭屋出版ホームページ　http://www.asahiya-jp.com

　　　　郵便振替　00150-1-19572

編　集　井上久尚　鈴木絢乃
デザイン　武藤一将デザイン室
取　材　大畑加代子　佐藤良子　関 由都子　藤田アキ　三上恵子　三神さやか
撮　影　後藤弘行　曽我浩一郎（旭屋出版）　川井裕一郎　川瀬典子
　　　　キミヒロ　佐々木雅久　根岸亮輔　三佐和隆士　安河内聡　渡部恭弘

印刷・製本　株式会社シナノ

ISBN978-4-7511-1212-0　C2077

定価はカバーに表示してあります。
落丁本、乱丁本はお取り替えします。
無断で本書の内容を転載したりwebで記載することを禁じます。
©Asahiya-shuppan 2016, Printed in Japan